足利義政像（東京国立博物館蔵，Image: TNM Image Archives）

新・人と歴史　拡大版 34

カラー版

足利義政と東山文化

河合 正治 著

SHIMIZUSHOIN

本書は「人と歴史」シリーズ（編集委員　小葉田淳、沼田次郎、井上智勇、堀米庸三、田村実造、護雅夫）の『足利義政』として一九七二年に、「清水新書」の『足利義政と東山文化』として一九八四年に刊行したものに表記や仮名遣い等一部を改め、さらに掲載図版をカラーにして、復刊したものです。なお、カラー化にともない、図版の枚数や掲載位置にも改変があります。

はしがき

足利義政は、東山文化と結びついて親近感をいだかせる人物であるのに、その全体像はまだほとんど明らかにされていない。かれに関する史料は少ないわけではないが、かれの行為のどこまでがその意志で、どこまでが側近の人々や時代の流れによってなされたのかを判断することがむずかしいためである。応仁・文明の大乱の責任の一半は義政にあり、かれの政治は失敗の連続であったとさえいえるが、結果から見ると、文化事業はもとより、重大な政治事件もかれを中心として回転していたのであり、かれの一代に、東山文化という後世に伝える立派な文化遺産が生み出されたという不思議さに驚かされるのである。

独裁者だった父は暗殺され兄も早逝し、社会が大きく変動し、武断の将軍が求められている時期に、文の人、義政が幼少にして権威の座につくという皮肉な運命にあった。しかし、かれが武断の人でなかったから、かえって幕府が存続することができたともいえる。義政の時代は戦国の動乱期にはいる直前であったが、武士階層の興隆期であり、庶民の台頭もめざましかった。かれらは文化・教養を修得しようとする欲求を高め、遠い地方の人々も京都での義政を中心とした高度な文化生活に、異常な興味と関心の目を注いでいたのである。そのため、義政の東山山荘での生活は京都の一隅だけのものでなく、全国的な意味をもったのである。政治の上では、義政の死後に戦国割拠の時代がくるが、精神文化の上では、義政の東山時代に緊密な全国的統一ができていたのであり、今日、民族文化として外国に紹介される芸能文化も、ほとんどが義政の時代に形をととのえたのである。

東山文化についての研究はすでに戦前から業績が積まれており、この時代についての社会・経済面からの分析も近年大いに進められている。しかし、義政を中心として政治・社会・文化の諸方面が複雑・微妙に交錯している時代相については、未知のまま残されているところが多い。私は、まだ真相の隠されているとみられるこの時代に尽きせぬ興味をもち、専門家としてよりも、自分の目で真実を確かめようとする一介のストレンジャーとして、関係史料に取り組んできた。その見聞の報告書としては、この書の内容は十分とはいえないが、これが、義政をめぐる東山時代を探究する歴史の旅に出発されようとする方々の案内役を、少しでもつとめることができれば幸いである。

昭和四十七年五月

河合正治

目次

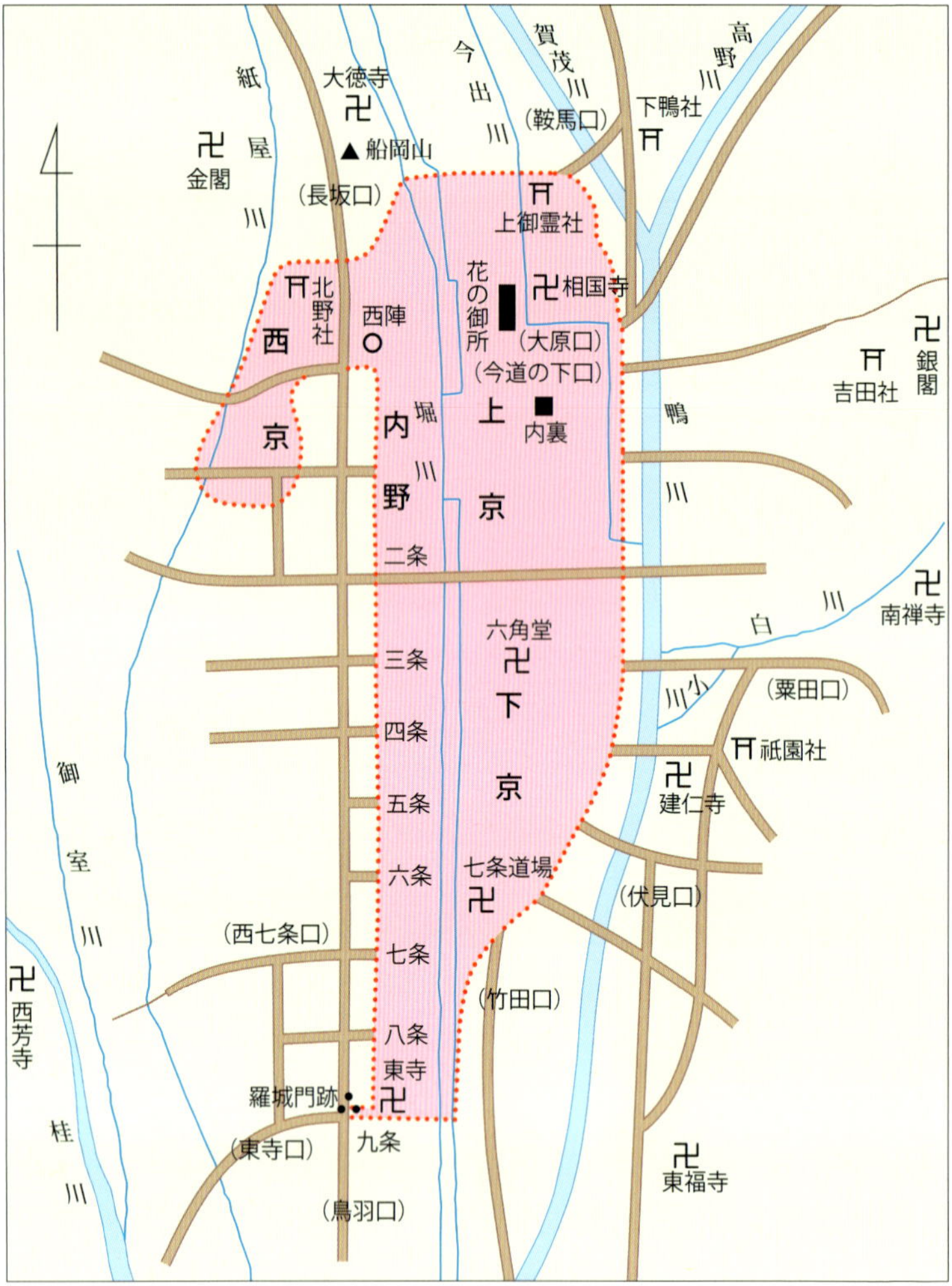

紙屋川
金閣
大徳寺
船岡山
今出川
賀茂川
(鞍馬口)
高野川
下鴨社
(長坂口)
上御霊社
花の御所
相国寺
北野社
西陣
西京
(大原口)
(今道の下口)
銀閣
吉田社
堀川
内野
上京
内裏
鴨川
二条
白川
南禅寺
六角堂
三条
下京
小川
(粟田口)
四条
祇園社
建仁寺
五条
御室川
六条
七条道場
(伏見口)
(西七条口)
七条
西芳寺
(竹田口)
八条
東寺
羅城門跡
九条
(東寺口)
桂川
東福寺
(鳥羽口)

東山時代の京都

I

激動の谷間

独裁者の子

❖運命の人

義政は人生の初めに嘉吉《かきつ》の変に遭遇し、また、その半ばで応仁の乱の中に身を置くことになるが、この二つの激動期の谷間に当たる二十余年間は表面上は平穏であった。

しかし、この時期こそ社会が大きく変動し、幾多の問題をはらんでいた。まず、このかれの前半生期をながめることからはじめよう。

義政は幼名を三寅（ついで三春）といい、一一歳のときから義成《よししげ》を称し、一八歳のときに義政と改名したのである。かれは嘉吉元年（一四四一）、六歳のとき父義教《よしのり》の不慮の死にあい、それからわずか二年後の嘉吉三年には、父の跡を継いで将軍となっていた二歳年上の兄義勝も急死してしまった。そのため、兄にかわってわずか八歳で室町幕府の八代将軍を継ぐこととなった。かれは宝徳《ほうとく》元年（一四四九）に一四歳で元服式をあげて正式に征夷大将軍となったが、

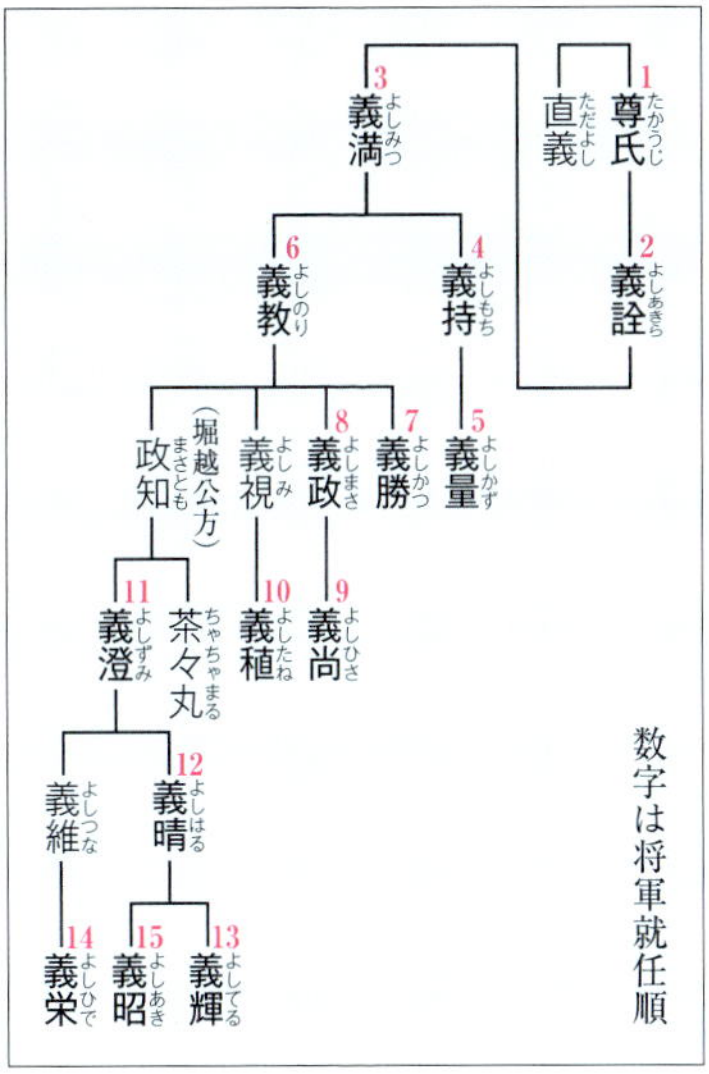

足利氏略系図

それより前の文安《ぶんあん》三年（一四四六）一二月に後花園天皇から義成という名を賜った。この名には二字ともに戈（ほこ）という字が含まれていて、将軍として武威によって天下を定めるようにとの期待がこめられており、幕府の人々もかれが祖父義満に負けない武徳の人になってほしいと願ったのであった（『臥雲日件録《がうんにっけんろく》』）。

しかし、かれは成人しても武断の人とはならなかった。それは権勢をもてあそんだ結果、悲惨な最期をとげなければならなかった父のありさまが、幼い心に刻み込まれていたためでもあったが、また本来が武人にはむかない性格であったのであろう。

当時、武士の間には武芸の練磨をかねて犬追物《いぬおうもの》が流行し、管領《かんれい》の細川勝元なども熱を入れて、領国から強制的に差し出させた犬を邸内に多く集めているほどであった。それで義政も犬追物の催しに臨席することがたびたびあったが、どうもかれは犬追物を好きにはなれなかったようである。享徳《きょうとく》二年（一四五三）二月、その催しから帰邸した義政は「犬追物というのはなんと騒々しいことであろう」と嘆息している。この様子を知ったある禅僧は、犬追物の好きな尊氏を夢窓疎石《むそうそせき》が生きものである犬を

足利義政木像（等持院蔵）

苦しめることはよくないと諫めた昔話を引いて、義政の態度をむしろほめている（『臥雲日件録』）。

また同じころ、義政は邸内の一隅にあった桐の木から箏《こと》をつくらせて、これに『毛詩』の故事をとって、みずから「衛文」という銘をつけているが、衛文とは文事を衛護するという意味であり、そこにかれの志向するところが武ではなく文であったことがおのずから示されている（『康富記《やすとみき》』）。

享徳二年には、かれはすでに一八歳になっており、この年の六月に義成を義政と改名するのである。それには仁政をしこうとする意図もこめられていたが、またおそらく先述したように、余りに武の意味をもたされていたこれまでの名前の重みにたえかねたためということもあったのであろう。

義政は歴史の流れを自分の力で変えることができるような英傑ではなく、情緒は豊かであったが、安穏を望む平凡な人物にすぎなかった。しかし、このようなかれが、室町幕府の体制が崩れはじめ、わが国の社会全体が大きく変動をおこしている重要な時期に、五〇年近く権勢の中枢に立たされたことは、歴史の流れに影響を与えずにはおかなかった。かれは精一杯政道に志し、平和を求め続けたが、その意志は弱く、優柔不断で側近のものたちに動かされ、朝令暮改に終わることが多かった。

応仁・文明の大乱勃発の責任も一半はかれに帰すべきもので、その政治は失敗の連続であったというほかない。しかしこの大乱は、とにかくかれの手によって収拾されたのであり、京都とその周辺では一時復興気運さえおこり、かれの東山山荘を中心に文化の花が開いたのであった。東山文化は京都の一角だけに存在したのではなく、公家・地方武士・庶民層も参加して全国的に巻き起こった民族文化としてとらえられることは後述するところである。しかし、義政は政治の面とはことかわり、学問・芸術・宗教については深い関心を示し、みずからも芸術・美の世界に沈潜して、文化の面では保護者または指導者としての役割を果たしている。東山文化はなんといっても義政を除外しては語ることができないであろう。このような時期に義政のような人物が将軍の地位についたことに運命の不思議さを感じさせられるが、かれの生い立ちを見ると、さらにその感を深くするであろう。

❖母、日野重子

義政の正室富子《とみこ》は、日野家の出であり、その兄日野勝光も将軍の外戚として非常な権勢を振るうのである。日野家は、義満がはじめて公家であるこの家から正室を迎えて以来、足利氏と重縁で、代々の将軍は日野一門の娘を娶《めと》るのがならわしとなっていた。そのため、公家層がみな衰微していくなかで、日野家だけが繁栄を誇っていた。義政の母重子も日野家の出である。それで、義政も出生の当初から輝かしい将来が約束されていたように思われがちであるが、実際は閨閥《けいばつ》の争いもあって、みじめな状態に置かれていたのであった。

義政の父義教は、僧籍に入れられて青蓮院《しょうれんいん》の門主となっていたが、兄の義持が死去したとき嗣子《しし》がなかったので、かれが還俗《げんぞく》して将軍となったのである。すでに壮年になっていたかれは義満・義持の先例にならって、気が進まないのに周囲の勧めで日野重光の娘を正室に決めた（『建内記《けんないき》』、『満済准后日記《まんさいじゅごうにっき》』）。重子はこの正室の妹で、おそらく姉に従って将軍御所にはいり側室となったのであろう。ところがそれから三年ほどたった永享《えいきょう》三年（一四三一）六月には、義教は日野家出の正室にかわって、同じく公家であるが日野家より家格の高い正親町《おおぎまち》三条家の出である側室の三条尹子《ただこ》を正室と定め、このことを内外に披露《ひろう》している（『看聞御記《かんもんぎょき》』）。これは義教が日野家出の前室を個人的にきらったというよりも、日野氏が外戚として権勢を振るうのを牽制するのがねらいであったとみられる。

　義教は後に述べるように将軍権威の回復を念願にしており、その権威を犯すものには容赦のない制裁を加えた。日野家の出の前室と重子との兄弟に当たる前中納言日野義資《よしすけ》も、その不遜なふるまいが義教の不興をかったためであろう、永享六年（一四三四）の初めには籠居《ろうきょ》させられていた。ところが重子が同年二月に男子を生んだ。これは義政の兄義勝で、義教の最初の男子誕生であったから、重臣たちからも感涙を流さんばかりの祝福を受けた。義勝は正室三条尹子の猶子《ゆうし》となって次期の将軍となることを約束されたが、日野家では義勝誕生がきっかけとなって、義教からさらに手痛い仕打ちを受ける。義資は籠居させられているものの、かれの妹が将軍の男子を生んだのであるから、これで日野家がふたたび繁栄するものと見られるのは当然で、公家・僧侶などかれの宅におもむいて祝賀するものが多かった。これを聞いた義教は将軍の意向を踏みにじるものであると怒り、日野家への祝賀客数十人をいちいち控えさせて、これを厳罰に処している。

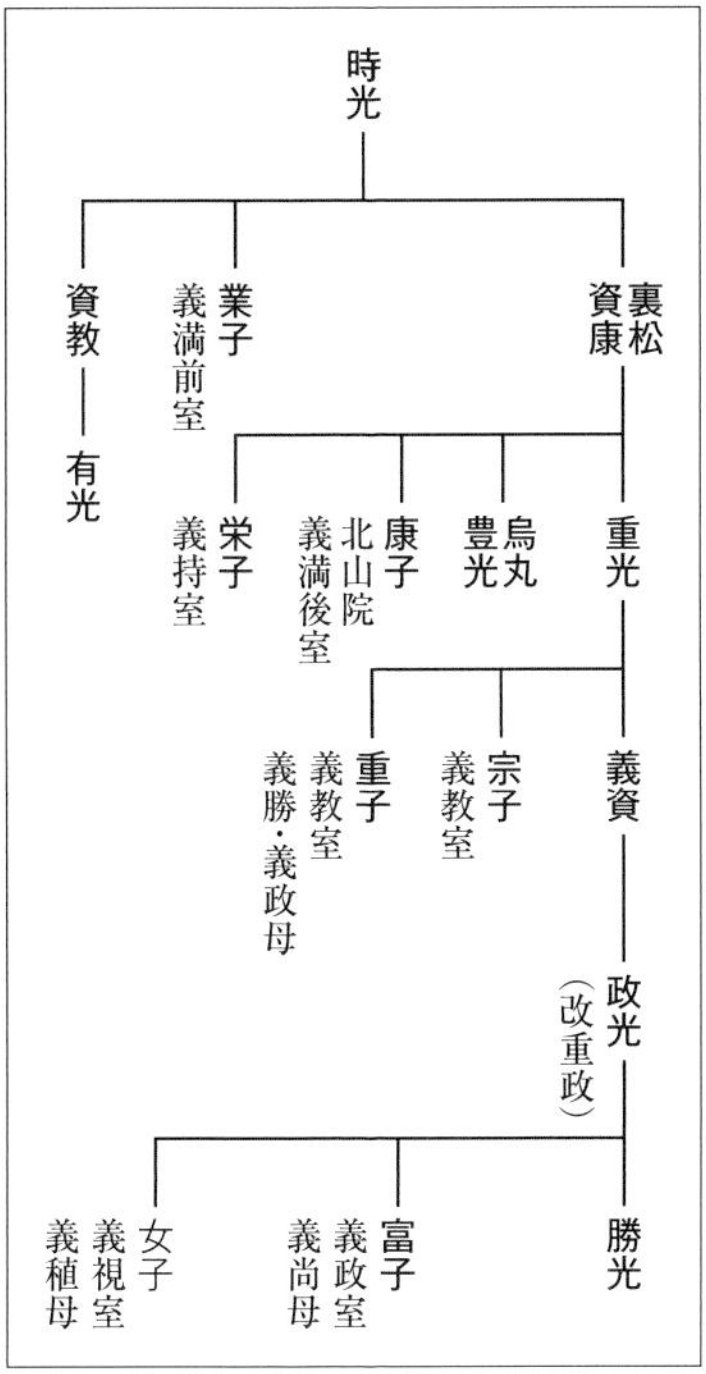

日野氏系図

日野家では義資の父重光の所領がことごとく没収されただけでなく、同年六月には義資が暗殺されてしまう。これは義教がひそかに命じたのであることはかくれもない事実とみられる（『看聞御記』、『満済准后日記』）。義資の子で富子の父に当たる重政も、罪の及ぶことをおそれて遁世《とんせい》してしまう。さらに永享八年一〇月には、日野氏の同族で伝奏《てんそう》をつとめた日野兼郷まで義教の不興を被り、出仕をとめられ所領をことごとく没収される。日野氏の没落は世の人に栄枯盛衰をまざまざと印象づけたのである。

義政が重子の二男として誕生した永享八年（一四三六）正月二日という時期は、上述のように母の実家の日野家が最も不遇に追い込まれていたのであった。このころには義教の他の側室にも男子が生まれており、さらに同九年八月になると、日野氏と対抗する立場にある正親町《おおぎまち》三条家の出の三条上臈《じょうろう》にも男子が誕生する。三条上臈は正室三条尹子の妹で、尹子に子がなく無念だったが、その妹に幸運にも男子が誕生して、正親町三条家の家門の光栄は察するに余りがあると周囲から羨《うらや》まれたのである。

日野家の没落にひきかえて正親町三条家は繁栄し、当主の実雅《さねまさ》には日野氏の旧領をはじめ多くの所領が与えられ、義教はたびたび実雅邸を訪問し、その出遊には必ずかれを随伴させるという優遇ぶりであった。このように三条家の閨閥《けいばつ》としての地位が上がっていたから、もし義教の不慮の死がなかったなら、たとえ兄義勝が死去しても、義教には八人もの男子があり、義政に将軍の地位がめぐってくることはとうてい考えられなかった。義政に運がむいてきたのは、義教の死去によって、義教から疎外されていた多くのものたちと同様に許されて、日野家にふたたび世に出る機会がめぐってきたからであった。父や兄の死がなければ当然しかるべき寺院に入れられ、僧侶として静かに生涯を送るべき立場にあった義政だが、現実には最も激しい変動期に権勢の座にすわる運命にあったのである。

❖父の死

義政の父、義教は一面、偉大な将軍であった。かれの将軍在職一四年間が、実際に幕府が権力を最も集中し得た時期であった。しかし、そのやり方には非常な無理があり、異常なまでに冷厳なかれの性格がそれに拍車をかけた。かれの横死は独裁者の当然の末路といえるであろう。かれの死とともに幕府の強力な締めつけに対し各方面から反動が巻き起こり、その荒波を義政はすっぽりとかぶらなければならなくなる。

義教の死はまことにはかないものであった。かれは嘉吉元年（一四四一）六月二四日、播《は》磨《ま》・美作《みまさか》・備前《びぜん》三国の守護赤松満祐《みつすけ》・教康《のりやす》父子から、関東はじめ諸方の敵が平定されたのを祝賀する名目でその京都の邸宅に招かれ、宴半ば猿楽能《さるがくのう》がはじまってまもないとき、赤松氏の手で斬殺された。このとき義教のもとに踏みとどまって防戦し討死したものわずかに三人、深手を負ったもの二、三人にすぎなかった。その席に相伴していた管領の細川持之《もちゆき》をはじめ諸大名たちは右往左往して逃げ出し、将軍のもとで腹を切ったものは一人もなく、赤松一党が邸に火をかけて領国に落ち行くのを、直ちに追いかけて討とうとするものもないありさまであった。

この事件を比較的冷静な目でながめていた伏見宮貞成《さだふさ》親王はその翌日の日記に、武士たちのこのようなありさまを未練この上なしときめつけながらも、これは大名たちがお互いに赤松氏に同心するものがいるのではないかと疑っているためだと推察する。そして義教の死は「自業自得の果てでしかたがないことであろう、将軍のこのような犬死は古来その例を聞いたことがない」と、痛烈な批判を加えている（『看聞御記』）。

義政の生涯は、かれがいくら命令を下しても、守護をはじめ地方の武士たちがいっこうに言うことを聞かず、世上のことはよろず無道のみと嘆息することの多い一生でもあった。しかし義教の時代は違っていた。かれは、南は九州から北は東北の果てまで睨《にら》みをきかせ、東北の津軽地方でおきた南部氏と奥下国《しもくに》と呼ばれる蝦夷《えぞ》部族との争いにまで干渉をこころみている（『満済准后日記』永享四・一〇・二一）。義教が最も力を入れたのは、関東八か国に甲斐・伊豆を加えた一〇か国を管轄下に置く鎌倉府を屈服させることであった。鎌倉府も尊氏が関東の鎮《しず》めとして次男の基氏を遣わしたのが初めであるが、世代がかわるとしだいに将軍に対抗し、基氏の曾孫《そうそん》の持氏に至っては敵愾心《てきがいしん》を燃やして独立しようとする態度をあらわにした。義教はつ

足利義教絵像（法観寺蔵，京都国立博物館写真提供）

いにこれを討滅し、さらに持氏の遺孤《いこ》を擁した関東豪族たちの反乱（結城合戦）も、その死の直前までに平定したのであった。南朝の残存勢力も、伊勢の北畠氏や南大和の越智《おち》氏などの豪族が加担して幕府にとってうるさい存在であったが、義教はこれにもたびたび追討軍を送って鎮圧している。

また、かれは僧兵を擁している南都《なんと》・北嶺《ほくれい》などに対しても容赦しなかった。ことに比叡山は平安時代以来、王城鎮護に任ずるという呪術《じゅじゅつ》力をもった上に、このころには京都の土倉（高利貸資本家）の大半を支配し、多数の馬借《ばしゃく》（運輸業者）を輩下につけて経済界にも勢力をもち、幕府の意向にすなおに従わなかった。義教はこのことを怒り、気の進まない守護大名たちを無理に動員してこれを攻めさせた。首謀者らは一時降参したが、結局は許されないとみて根本中堂《こんぽんちゅうどう》に火をかけて自殺した。比叡山の僧兵勢力が織田信長の焼き討ちによって潰滅《かいめつ》したことはよく知られているが、それ以前すでに義教がこのように激しい鉄槌《てっつい》を加えていたのである。

義政の時代になると、徳政を要求する土一揆《つち(ど)いっき》が恒例のように数年おきに勃発するようになる。ところが義教は将軍就任の当初に、土民蜂起の最初だといわれる正長《しょうちょう》の一揆に遭遇した後、治世中ほとんど一揆らしいものが見られない。これは、かれの威圧が畿内の農民・地侍層にまで及んでいたためであろう。義教も将軍になった当初から気ままにふるまえたわけではない。

そのころ九州・東国地方を除く中央地帯の守護大名は京都在住を命じられ、中央政治にも参与がゆるされ、とくに有力大名の発言力は強かった。また黒衣の宰相《さいしょう》といわれる醍醐の三宝院満《まん》済《さい》が、前代から引き続いて政治顧問の役割を果たしていた。しかし満済は永享七年（一四三五）に死去し、畠山満家・斯波義淳《しばよしあつ》・山名時熈《ときひろ》ら前代からの重臣もこの前後に死去してしまう。

制するものがなくなった義教は、遠慮することなく意にそわぬ守護大名に弾圧を加えるようになり、若狭の守護一色義貫《いっしきよしつら》、伊勢の守護土岐持頼《ときもちより》をついに殺害してしまう。そこまでしなくとも、守護大名や有力国人領主の当主を追放し、惣領職《そうりょうしき》（家督）をその一族内の他のものに与えて、将軍権力を各武士団内部に浸透させようとするのがかれの常套《じょうとう》手段であった。管領家の畠山持国さえ惣領職を追われ、その弟にかえられている。赤松満祐・祐康父子もかねてから領国播磨・美作を没収される懸念があり、これを拒めば生命があぶないので、機先を制して義教を殺害するに至ったのである。

❖独裁の恐怖

義教は、義満の遺業をおとさないようにと願い、ともすれば緩《ゆる》みがちな綱紀の粛正につとめ、一応の成果をあげた。しかし、傾きかけた体制を盛り返すのは一人のよくするところではない。そこに義教の悩みといらだちがあった。結局、かれは権力で相手をねじふせねば止まない圧制者になってしまった。

義教の圧制は武家だけでなく公家《くげ》や庶民にまで及んでいる。かれは皇室を尊崇しており、その一つのあらわれでもあるが、公卿《くぎょう》が出仕を怠ったり、宮中で男女の風紀をみだすことを厳しく取り締まっている。ところが、このことがしだいに高じ、些細なことでかれの意向を損じたというのでたちまち籠居を命じ、さらに配流や所領没収を行なっており、このような憂き目にあったものが数十人と多数に及んでいる。そこにはすでにかれの異常性格が認められる。かれは少しの科《とが》で侍女や料理人を厳罰に処しているが、それと同様に、無力となっている公卿たちを、残酷な微笑をたたえつつもてあそんでいるようにさえ見える。

義教は芸能界に対しても権力者のわがままぶりを示している。かれは猿楽を愛好し、若いころは摂津の榎並座《えなみざ》をひいきにしたが、将軍となってからは、義満の寵愛を受けていた世阿弥《ぜあみ》をしりぞけてその甥《おい》である音阿弥《おんあみ》を盛りたて、ついに世阿弥を佐渡に配流したことはよく知られているところである。かれはそのころ広く世間に愛好されていた平家琵琶が好きではなく、琵琶法師の名人でかれの機嫌を損じたり、譴責《けんせき》されたものも多く、そのため伏見宮家でさえ表立って『平家物語』を語らせることをはばかって、義教が北野神社に参籠中の留守をみはからい夜陰にこっそりこれを聞いたというほどであった(『看聞御記』)。

義教が周囲を威圧すればするだけ、社会の底流には不安と不満の念がつのっていった。先にふれたが、義教に反抗した比叡山の僧侶たちが圧迫にたえかね根本中堂に火をかけて自殺した事件について、その是非を口に出して言うことが禁ぜられていた。ところがある煎物《いりもの》商人が京都の路頭でこのことを話したというので召し捕らえられ、たちまち首をはねられている。このことを聞いた伏見宮は「万人恐怖、言う莫《なか》れ、言う莫れ」と記している（『看聞御記』）。

義教治世の晩年になると、かれの圧制を呪《のろ》いそれに抗議するかのごとく、かれの周辺にも広く世間の中にも、得体の知れない怪異現象が次々におこっている。かれの住む室町御所の中にも、姿を見せず女房衆の髪や小袖を切る変化《へんげ》のものがしばしば現われ、また将軍の正室が気絶したり、義教の腰刀がおのずと鞘走《さやばし》り、刀を取りかえてもまた鞘走るという怪異が続いている。そのころ世間では伊勢の外宮《げくう》、越前の気比《けひ》社、尾張の熱田社などから怪異現象が伝えられ社会に不安を与えていた。さらに永享一〇年（一四三八）には出雲大社から神託と称する発句《ほっく》がひろまり、その第二句の「吹風《ふくかぜ》並木《なみき》諸国民《もろくにのちり》」という神秘な表現は、この年の夏の初めから都鄙《とひ》に蔓延《まんえん》した疫病で病死したものが道路に散乱するという現状と相応じ、いっそう不安と恐怖をつのらせた。

義教に対する世間の非難はさらに具体的な形で現われてくる。たとえば、京都の一条戻橋の東詰で夜な夜な民衆が集まって拍詞《はやしことば》をうたう拍物が催されていると聞いて、阿波の守護大名で在京している細川持常が人を出して調べさせたら、忽然《こつぜん》と姿を消したので妖物の所行かといわれた。ところがこの拍物は下京にも現われ、その拍詞の内容は当世の凶事をうたったもので

風《ふ》流《りゅう》拍物《はやしもの》の図（「祭礼草紙」，前田育徳会蔵）

あったという。また、千本殿という比丘尼《びくに》が、当時全国庶民の崇敬をうけていた伊勢神宮に参詣すると神がかり、狂気となって帰京し、室町御所におしかけて義教は悪将軍であるという趣旨の種々の託宣《たくせん》を申し述べた、との風聞がひろまったこともあった(「看聞御記」)。

❖反発の渦

義教が嘉吉元年六月二四日に殺されたので、諸大名は翌日、とりあえずかねて後嗣《こうし》とされていた義勝の擁立と、赤松氏討伐のため播磨に出兵することを決めた。しかし、播磨出兵はいっこうに実行されず、その先発隊が京都を出発するのは七月の一〇日をすぎてからであった。このように出兵がはかどらないのは、大名たちが、互いに相手が赤松氏の謀叛《むほん》に同意しているのではないかと疑いあっていたからである。義勝擁立の中心人物である管領細川持之さえ、赤松氏に内通しているという風聞が一時はパッとひろまったほどであった。討伐軍が出発してからも赤松氏についての雑説がちまたに満ち、そのなかには「この度の義教の斬殺は赤松氏がやったのではなく、ほんとは八幡大菩薩の御所行である」という風聞まであった。このことは石清水《いわしみず》八幡宮の御託宣もあって「近来のような状態が続いては人種《ひとだね》がなくなってしまう。それで八幡神は赤松氏を擁護し、すでに播磨に遷座した」というのである。そのころまた大手の摂津口から進んだ大将の一人が落馬し、もう一人が目を患《わずら》って惘然《もうぜん》となったのも、ただごとではなく神罰だという風聞もあった（『建内記』）。赤松氏はこの後九月一〇日になって、搦手の但馬《たじま》口から進軍した山名持豊によって、やっと討滅される。

死後の義教に対する世間の目は冷たく、つぎつぎにおこる風聞は義教の圧制に対する反発が根深いものであったことを示しており、かれの死はみずから招いたものであるという世論が決定的なものとなった。このような世論に動かされて武家伝奏の万里小路《までのこうじ》時房は、幕府の政治顧問三宝院義賢《ぎけん》を訪れて、「義教の冷厳な御政道に対して愁嘆している人々が多い。積悪の門には余殃《よおう》（あとに及ぶわざわい）があるというから、それが子孫に及ばないように計らわれたい。それには善政をもって過《あやまち》を補われる必要があろう」と進言している。ここに善政といっているのは、義教の厳しかった締めつけを緩めるということであり、このことは当時の幕府の要路者が一様に考えていたものと思われる。

右のような方針にそって、義教から籠居を命ぜられていた公卿たちはつぎつぎと赦免《しゃめん》されている。父義資を義教のために暗殺されている日野重政も許されて出仕し、他の公卿の祝賀を受けている。日野氏にもふたたび春がめぐってきたのである。武家側の反発はいっそう激しいものがあった。畠山家の物領職を取り上げられ領国の河内《かわち》に逃れていた畠山持国は、義教の死からわずか数日後に、幕府の許しを得ていないのに自分こそ畠山家の当主だと主張して、兵を率いて上洛を企てており、幕府はあとからかれの主張を認めるという状態であった。同様な現象が他の武士団にも波及し、各武士団の内部が分裂する原因となる。これらのことは幕府の土台をゆるがす要因となるので、あとで少しまとめてながめることにしたい。

また、幕府が赤松氏の討伐で混乱している嘉吉元年の八月末から九月にかけて、京都及びその周辺に土一揆がおこり、奈良にも波及している。これは義教初政の正長の一揆から一三年目のことである。この土一揆は数万からなる大規模なもので、比較的統制がとれた動きをみせ、洛外から京都に入る諸口に陣を張って、連日鬨《とき》の声をあげて洛内の酒屋・土倉・寺院などを襲い、債務のいっさいを破棄するいわゆる徳政を要求した。幕府はついに土一揆に押され、その要求を入れて、同年閏《うるう》九月一〇日に徹底した徳政令の細目を発表している。義政の時代になってたびたび徳政令を出さねばならぬきっかけとなったのは、このときの幕府の弱腰の態度に端を発しているのである。

義教の跡を継いだ義勝は嘉吉三年（一四四三）七月、赤痢にかかって（実際は落馬のためともいう）わずか一〇歳であっけなく死去してしまった。このときも世間では、義教に誅《ちゅう》せられた大名の一色義貫らの邪気がわざわいしたのだと噂された。義勝には多くの弟があったが、その継嗣には義政が決まった。母が義勝と同じであったことと、母の実家の日野氏が義教の死によって勢いを盛り返していたことが、かれに将軍職をもたらしたのであった。

義政が継嗣となってからまだ二か月しかたっていない九月二三日の夜半に、三、四〇人のものが内裏《だいり》（土御門《つちみかど》）に乱入して火をかけ、三種神器のうち神璽《しんじ》を奪い取り、比叡山にたてこもった。その数は数百人にふくれあがった。かれらは南朝方の残存勢力で、楠木・越智氏の一族も加わっており、南朝の後胤《こういん》と称する尊秀王《たかひで》（源尊秀）を大将と仰ぎ、日野氏の有力な一族日野有光も与力していた。このときも山名氏などの大名も同心しているとの噂まであった。これも、義教は南朝残存勢力に非常な威圧を加えていたため、足利氏の幼主の交替による社会不安を利用してその余党が反発行動に出たものであり、義教の怒りにふれて所領を没収されるなど手痛い仕打ちをうけていた日野有光も、これに加わったのである。このとき、南方軍は比叡山の衆徒と幕府軍に敗れ、尊秀王・日野有光らは殺された。しかし、神璽は南方軍によって吉野の奥に持ち去られ、この後、長禄《ちょうろく》二年（一四五八）に赤松氏の遺臣たちが主家復活の手柄とするためこれを奪い返し、京都に持ち帰るまで南朝余党の手に渡ってしまうのである。

❖武家社会の動揺

義教が晩年に力を入れたのは、大名を威圧して幕府の統制に従わせることであった。そのため、かれの死後、最も反発したのは大名たちであった。畠山・富樫氏などのように当主が惣領職を取り上げられ、一族のものと交代させられていた場合は、武力にかけても復帰を主張し、そのため大名家内部が二派に分かれて抗争をはじめ、これが他家へも波及するようになる。また、嘉吉の変の戦功によって山名氏が赤松氏の旧領をあわせて一〇か国の守護となり、義教が最もきらっていた強大な大名が出現することとなった。また地方の国人領主も幕府の命をきかず、実力に訴えても所領の拡大をはかろうとするようになる。このように一度動揺しはじめた武家社会は、義政の時代になってふたたび安定させようとしても、容易にできるものではなかった。

畠山氏は細川・斯波氏とともに管領家の一つで、河内・紀伊・越中・能登などの守護を兼ね、斯波氏の勢力が減退してからは細川氏に対抗できる唯一の家柄であった。当主の畠山持国は幕府の元老であった満家の跡を継いで相当な働きぶりを示していた。ところが義教は嘉吉元年(一四四一)正月に持国がその命に従順でないのを怒って、かれから惣領職を取り上げ河内国に追い、その庶弟持永(左馬助)に家を継がせていた。持国は義教が殺されると、さっそく兵を率いて上洛を企て、一時は家臣が二派に分かれて内紛がおきるかにみえた。しかし、このときは京都にいる家臣の多くが持国に味方したため、持永は側臣とともに京都から出奔し、持国は無事当主にもどった。翌年には嘉吉の変の後始末にあたっていた細川持之が病死したため、持国がかわって管領となり、義政の将軍継嗣の決定はかれの手で行なわれたのである。こうして一時華やかさを取りもどす畠山氏も、持国の晩年にぬきさしならぬ内紛が勃発するが、これはすでにこの嘉吉のころに端を発しているのである。

また、加賀国の守護富樫教家《とがしのりいえ》も、嘉吉の変直前に義教の怒りにあって追放され、その弟泰高がかわって家を継いでいた。義教が死ぬと教家も当然富樫氏の当主に復帰しようと企て、管領畠山持国もこれを援けた。ところが泰高は細川氏を後盾《うしろだて》として、譲らずに対抗した。そのため畠山氏は管領の地位を利用して強引に泰高討伐を決定したので、富樫氏は内紛と取りつぶしの危機にさらされた。このとき守護代山川筑後入道は幕府に対し、富樫家の存続と兄弟に加賀国を分割して与えられるよう願い出て、みずからは責任をとって切腹した（『看聞御記』）。幕府もやがて富樫氏兄弟に半か国ずつの守護を認めたが、同氏の内紛はいっそう激化するばかりであり、義教のとった処置は、いずれものちのちまで尾を引くのである。

義教の死でいちばん得をしたのは山名氏であった。同氏は赤松・一色・京極氏と並んで幕府で侍所別当（所司）となれる管領家につぐ家柄で、当時すでに一族で但馬《たじま》・因幡《いなば》・伯耆《ほうき》・石見《いわみ》・備後《びんご》・安芸《あき》・伊賀《いが》七か国の守護を占めていた。赤松氏の討伐では摂津口から進んだ細川氏らの進軍がもたついているうちに、搦手《からめて》を引き受けた山名軍は但馬口から進軍して、ほとんど独力で赤松氏を滅ぼしてしまった。それは赤松氏の領国美作《みまさか》がもと山名氏領であり、両氏の領国が境を接していた上に、中央でも両氏は張り合い対抗する関係にあったためである。このたびは、最初から実際に赤松氏を討滅したものにその旧領を与える、という大名間の話し合いがあったため、山名氏は播磨・美作・備前の三か国を獲得して、一挙に一〇か国の守護を兼ねる大勢力となった。山名氏の当主持豊《もちとよ》（宗全）はこのとき三八歳の壮年で、明徳・応永の両乱を家の浮沈をかけてくぐりぬけてきた父時熈《ときひろ》にも劣らない実戦型の猛将であったが、一族勢力の増大を背景にいっそう傲岸不遜《ごうがんふそん》な行動に出るようになる。

さらに義教の死は守護大名だけでなく、地方中堅武士の国人領主まで幕府の統制をくぐり、実力で勢力の保全や拡大をはかる機会となり、そのため地方の闘争が激化するようになる。ここでは安芸国についてながめてみよう。毛利凞元《ひろもと》（元就の曾祖父）は同国吉田荘（広島県吉田町）の領主であるが、義教が死んだとき、たまたま在京中で、赤松氏の討伐に加わるよう命ぜられる。ところが凞元は出征の準備と称し急いで帰国するが、出征する前に吉田の西南方の入《いり》江保《えのほ》に守護家武田氏の重臣馬越元親《まごしもとちか》が構えた要害を攻撃している。この保は朝廷の主殿寮《とのもりょう》領（領家小槻氏）で、毛利氏は以前からこの地の年貢を取り立てる領家代官職を請け負うことを馬越氏と競争していたので、義教の死による幕府の混乱をよい機会として実力行使に及んだのである（『毛利家文書』）。

おなじく安芸国沼田《ぬた》荘（広島県三原市など）の領主小早川氏でも、義教の独裁的恣意のために一族内の紛争は義政の時代にまで持ち越されている。同氏では父則平の死後、持平・凞平《ひろひら》兄弟が家督を争っており、義教は永享一二年（一四四〇）六月に惣領職を凞平に安堵《あんど》したが、一か年もたたない嘉吉元年（一四四一）三月にはこれを取り上げて、小早川氏の庶流竹原小早川盛景に与えていた。ところが義教が死ぬと、幕府はふたたび凞平を小早川氏の当主として認めるが、持平はそれより先に管領細川持之から惣領職を許されたと称して、その被官人たちは沼田荘内の要害を占領してこれを凞平方に引き渡さなかった。また竹原小早川盛景も、先に義教から与えられた権限を主張しつづけたため、一族内の争いは容易に鎮まらなかった。このような様相は他の諸国でもしばしば見られるのである。以上のように義政はあらゆる面において、独裁者の父に対する反発を一身に引き受けることになるのである。

嵐の前の長禄・寛正期

❖二足の欠けた鉄輪《かなわ》

寛正《かんしょう》元年（一四六〇）閏《うるう》九月、当時幕府の管領として、時めいている細川勝元邸の門に落書があった。それはものを煮沸するときにつかう鉄輪を描いたものであるが、鉄輪は足が三ついていているものなのに、それはわざと二つの足を欠いて一つの足だけで、しかも碁盤の上に置いたように描かれていた。その落書の意味するところは、斯波・畠山・細川の三家が三職と呼ばれ、交替して管領職をつとめ、幕府政治をささえてきたことは、あたかも三本足の鉄輪のようなものであった。ところが、いまや斯波・畠山両氏は滅んだも同然に勢力が衰退し、細川氏だけが独走しているありさまは、足が一つしかない鉄輪にたとえられ、それを碁盤の上に描いているのは、音が通ずるところから、このつぎは細川氏の御番《ごばん》ですよといっているのであった（『臥雲日件録』）。

細川勝元木像（龍安寺蔵）

斯波・畠山・細川の三家が交互に管領となって幕政の統轄にあたる仕組みは、すでに将軍義満の時代にできあがり、義政の父義教の時代でも、晩年の強烈な独裁政治の時期を除いてはこの仕組みが生かされていた。三管領家が鼎立《ていりつ》し、互いに牽制することによって政治はむしろ安定し、また他の有力大名の意見も政治に取り入れられていた。幕府の意志決定は将軍によって行なわれたが、その「上意」の決定は諸大名の意見が聞かれた上でなされたのであるから、その所在がはっきりしていた。ところが義政の時代になると細川氏の独走となり、管領政治の本来の姿が失われてしまった。

応仁の乱以前の義政は、まだすなおに政道に心がける気持ちを捨てていなかったが、独走態勢にはいった細川勝元は、義政の意図をまげて将軍の「上意」をつくりあげるわがままをしばしば行なっている。一方、公の場で反対意見を述べられなくなった細川氏の反対勢力は、直接義政に取り入って将軍の「上意」をかりて反対を貫こうとするようになる。こうなると外部の意見を義政に取り次ぐ近習者の発言力も増大し、これが「上意」の決定に大きな影響を与えるようになった。当時、京童《きょうわらべ》が、あやまちもないのに将軍の譴責《けんせき》をうけて追放されるもの、忠もないのにこれまでの罪を許されるもののある矛盾を「勘当ニ科《とが》ナク、赦免ニ忠ナシ」という諺《ことわざ》をつくって笑ったというが（『応仁記』）、これまで絶大な権威をもっていた「上意」も再三ひっくりかえされ、どこに将軍の真意があるのやらわからぬ不明朗なものになってしまった。

三管領家のうち斯波氏は、室町幕府創建の功労者高経・義将《よしまさ》父子のあとで越前・尾張・遠江《とうとうみ》の三国を領国として、足利氏の庶流のうちでは最も家格が高く、将軍家の跡が絶えそうになると、次の将軍は斯波氏から出るのだという風評がたったほど勢力があった。しかし後継者に人物が得られず、家臣の甲斐・織田・朝倉氏などが台頭するのをおさえることができず、三家のうちではいちばん早く勢力を失った。義将の孫義淳《よしあつ》は、義教時代の初めに管領となっているが、かれはそのころ在京生活も維持できないほど経済が逼迫《ひっぱく》しており、管領就任も拒みつづけて後、やっと引き受けたという状態であった。義淳の跡は僧となっていた弟が還俗《げんぞく》して家を継いだが、その義郷《よしさと》の跡を継いだ義健《よしたけ》も享徳元年（一四五二）早逝したので、同族の義敏《よしとし》が迎えられた。義敏は家臣の甲斐氏らの専横をおさえようとしたが、かえって家臣らの排斥にあって内紛がおこり、斯波氏の勢力はいっそう弱まった。

畠山氏は義政初政のころにはまだ細川氏に拮抗できる力をもっており、早逝した将軍義勝のあとに、その同母弟の義政を迎えることを決定したのも管領畠山持国であった。義政が家督を

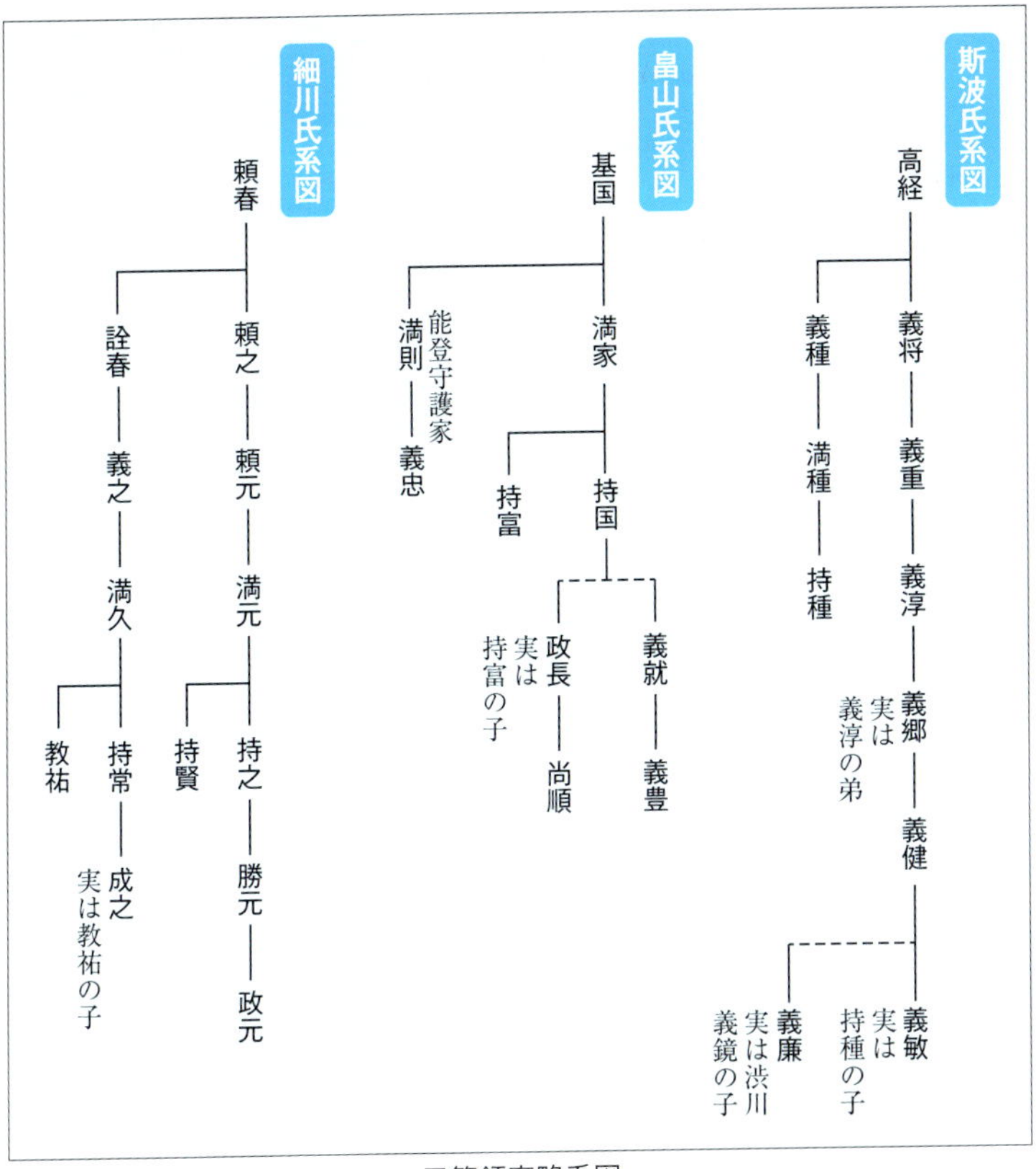

三管領家略系図

継いだ直後に、南朝の遺臣たちが内裏を襲う事件がおこり、細川・山名氏などの大名までが将軍に異心をいだくという風評がたったが、この不穏な空気を鎮静させたのも持国の功績であった。畠山氏は能登《のと》を領国とする庶流もあったが、惣領家は河内・紀伊を領国とするほか、持国の父満家が義持・義教時代を通じて長く管領として重きをなしたため、一時、守護を兼ねた山城や領国に隣接する大和を含めて、畿内南部に隠然たる勢力を培っていた。これは本拠の四国から京都へのかけ橋として、摂津・和泉を領国とする細川氏と勢力圏が交錯するため、細川・畠山両氏の対立をいっそう激しいものにした。

持国は義教から畠山氏の惣領職を取り上げられたが、義教の死によって復活し、その翌年には管領に就任する幸運をつかんだことは先に述べた。かれはすでに四〇歳代を迎えた壮年であり、義教に圧迫されていたものたちの救済につとめるなどして、自家勢力の拡大につとめた。畠山氏から威圧をうけた細川氏では、惣領勝元がまだ十代の少年であった。このころ細川氏が山名持豊の娘を勝元の妻に迎えたのは、急速に勢力を伸ばしていた山名氏と結んで、畠山氏に対抗しようとする政略がふくまれていたとみられる。こうして細川一族は、文安二年（一四四五）やっと一六歳になった勝元を押し立てて、管領職につけることに成功する。その後、宝徳元年（一四四九）から三年間ほど持国がふたたび管領となるが、このころの管領は諸大名の意見のとりまとめ役ではなくなり、細川・畠山両氏は互いに味方をつくって抗争する状態となっていた。

持国には庶出の子義就《よしなり》がいたが、家臣の神保・遊佐氏らは持国の甥政長を畠山氏の後嗣に迎えたいと希望していた。しかし、持国はこれをおさえて義就に家督を譲ってしまった。ところが享徳三年（一四五四）四月に、神保氏らが義就を持国の実子でないという口実で排斥し、政長を押し立てようとする陰謀が露顕し、持国は怒って神保氏らを誅《ちゅう》したが、その一党が山名持豊邸に逃げ込み、政長も細川勝元邸にかくまわれた。この陰謀の背後には明らかに細川・山名氏があって、畠山氏内部の分裂を策していたのである。義政は細川氏らの強引なやり口に反感をいだき、持国の請うにまかせて政長追討の御教書《みきょうじょ》を出した。しかしこのころ畠山氏の内部は、細川氏らによって掻き乱されており、持国の命をきかず政長方に走る家臣も多く、勢いにのった政長党は持国邸を焼き討ちした。義就は逃走し、持国は建仁寺内に引き籠らねばならなくなり、逆に政長は、細川・山名両氏の後押しで、畠山氏の家督として承認されることになった。義政やその周囲のものたちは持国に同情し、義就を呼びもどし、畠山氏両派の和談をはかったがその対立は激化するばかりであった。康正《こうしょう》元年（一四五五）三月、持国は失意のうちに病死してしまう。義政擁立の功を負い、一時権勢を振るったかれの晩年はさびしいものであった。こうして最初に掲げた落書が指摘しているように、管領政治の本来の姿は失われ、細川氏の独走する危険な政局となった。

❖御今参局《おいまいりのつぼね》

義政は長禄三年（一四五九）一一月に「サマザマノ事ニフレツヽナゲクゾヨ、道サダカニモヲサメヱヌ身ヲ」と、政道に志しながらも、思うにまかせぬ悩みを和歌によんでいる。管領は自家の利益ばかりを追うようになり、またその反対勢力も将軍を動かしこれに対抗しようとし、義政がみずから政治を裁断しなければならないことが多かった。しかし、幼少のころから周囲のものに甘やかされた温室そだちの義政は、側近衆の意向に動かされることが多かった。東福寺の僧大極蔵《たいぎょくぞう》主《す》は長禄二年九月に義政に対する政治批判五か条をその日記に書きつけ、その一か条として、義政は明徳を行なおうとしているが、群小の近侍者たちがそれをさえぎるので、正理にもとった政治が行なわれ、その怨みが世間にしみわたっている、といっている（『碧山《へきざん》日録《にちろく》』）。しかし、その責《せ》めは当然義政が負うべきものである。応仁の乱以前に義政の政治に口を出し、かれの寵嬖《ちょうへい》と呼ばれたものの第一は、初期には御今参局があり、後半には伊勢貞親《さだちか》がいた。

御《お》今参局《いまいりのつぼね》は将軍近習衆中の名門大館《おおだち》氏《し》の出身で、義政から老宗の臣として敬重された大館持房の従姉妹《いとこ》にあたる。かの女は義政の繦褓《むつき》のうちから侍したというから義政より一〇余歳の年長であるが、のち妾として寵愛を受けた。たいへん気丈な女性であったらしく、手塩にかけた年若き将軍が、私利私欲しか考えないような、各方面からの強い要求の前に困惑するのを見て、その背後にあってかれに思いきった裁断を行なわせたようであり、細川・山名氏など有力大名も眼中にないような義政の処置が、往々みられるのはそのためであったと思われる。それだけにかの女には政敵も多かった。康正元年（一四五五）正月、京都の人目につきやすい路頭に三人の肖像画が掲げられ、それには「このころの政治はおそらくこの三魔から出ている。それは御今《おいま》、有馬《ありま》、烏丸《からすま》である」と、政治諷刺の落書が記されていた。烏丸資任《すけとう》は生まれおちたばかりの義政をその屋敷に引き取ったことがある日野氏の一族であり、有馬持家は赤松氏の一族で将軍近習中の寵臣であった。御今参局はかれらの筆頭にあげられたのである。この落書は政治に干渉するこの三人の呼称の語尾の「ま」をとって、「三魔」に仕立てたのである（『臥雲《がうん》日件録《にっけんろく》』）。

かの女はすでに宝徳三年（一四五一）に、政治に干渉しすぎるというので排斥されている。それは義政が尾張国の守護代織田敏広をやめさせ、先に義教の譴責にあって引退しているその兄の郷広にかえようとしたことについてである。それには尾張国の守護斯波義敏とその重臣の甲斐入道常治が反対であり、管領や義政の生母日野重子も、これを強行すれば天下の乱になると心配してとりやめさせようとした。ところが義政は反対をおしきって、あくまでこれを強行しようとする姿勢を示したが、これはまったく御今参局の意見に従っていたことが明らかであった。重子はついに義政が御今参局の意見ばかりを聞いて、自分の助言を容れないことを怒って、室町御所から嵯峨《さが》に出奔して隠居の意向を示し、諸大名もまた重子の立場に同情を示したので、義政もいったんは屈して守護代の更迭《こうてつ》をとりやめ、御今参局を洛外に追放することを決めた。このころすでに将軍の生母として崇敬を集めていた重子と御今参局の間に、女性の感情的な対立も生じていたのである。しかし、義政の親愛が失われず周囲にも支持者があったためであろう、御今参局は上述のようにそれから四年後の康正元年にも、政治介入者の筆頭にあげられている。

康正元年八月、右大将を兼ねるようになった二〇歳の義政は、権大納言《ごんだいなごん》日野勝光の妹富子を正妻に迎えた。かの女は重子にとって兄義資《よしすけ》の孫にあたるのだから、その後盾となったことはもちろんで、このころから義政の閨房《けいぼう》では、女房・侍女たちが御今参局と富子の両派に分かれて、陰湿な闘争がはじまった。富子は長禄三年（一四五九）正月早々男子を生むが、すぐに死んでしまったので、これは御今参局の呪詛《じゅそ》のためだと讒言《ざんげん》された。これまで女の子しかもたなかった義政の悲しみと怒りは大きく、所司京極持清に、御今参局を琵琶湖中の沖島に配流するよう命じた。ところが富子一派はさらに義政をたきつけて、追って極刑の死を宣告させた。配所におもむく途中、近江国犬上郡甲良《こうら》荘内の寺院でこれを聞かされた御今参局は、女だからといって自殺できないことはない、大館氏の家門をはずかしめないためにといって切腹し果て、警固の武士たちも女丈夫だといって感涙を流したという（『大館持房行状』、三浦周行「足利義政の政治と女性」『日本史の研究　第二輯』所収）。しかし、御今参局は無実で、呪詛はかの女を陥れようとする富子一派の女房たちによって仕組まれたものであったことが明らかとなった。御今参局の怨霊がささやかれ重子・富子は悪夢に悩まされた。寛正《かんしょう》四年（一四六三）重子の病が重くなったとき、御今参局の追善供養が急がれているのは、その祟《たた》りを恐れたためである。義政もかの女に対する追慕の情が断てなかったのであろう。のち義政夫妻の仲がうまくいかなくなる原因の一つは、ここにあったのであろう。

❖伊勢貞親と奉公衆

御今参局が失脚したころから後、義政の側近にあって、発言力を増したのが伊勢貞親である。伊勢氏は足利氏の有力な譜代の家臣で、将軍家の幼君を代々その邸に引き取って養育するのがならわしとなっており、義政も貞親の父貞国に育てられ、のち義政に男子義尚《よしひさ》が生まれると、さっそく貞親の邸に移されている。義政は月に一度以上も貞親邸に出向くが、それは風呂に入りに行くといったくつろいだもので、寛正六年（一四六五）には貞親邸の浴室を改築するため、美濃の守護土岐《とき》氏からその用材の桑を徴発したこともあった。しかし貞親が御今参局と違うところは、かれは政所執事《まんどころしつじ》という幕府の公職につき、支配下に組織をもっていたことである。伊勢氏は義満時代から政所執事の職を世襲しており、貞親も享徳三年（一四五四）父貞国の死によって伊勢氏の家督を継ぎ、寛正元年（一四六〇）から政所執事となっている。

室町幕府の政所はおもに財政をつかさどる機関で、それに関連した訴訟裁判にも当たった。将軍直轄領である諸国の御料所からの年貢や、土倉・酒屋など諸商売からの公納金の取りたても政所の仕事であった。このためその長官を世襲した貞親はのちに述べるように、将軍に直属し御料所の代官職などの恩給を受けている奉公衆を味方につけることができた。また、当時発展のめざましい商業資本家の土倉・酒屋を管理下に置いていたため、有力土倉商人のなかには貞親の被官人となるものが多く、この方面からの経済的支援も得られたのである。

政所執事は、もともと管領の支配下にあったが、管領政治がゆきづまり管領家が権力闘争にあけくれる間隙を縫って、貞親は義政を動かして幕府政治に発言力を強めていった。かれは将軍家の財政をささえるために辣腕《らつわん》をふるって功績をあげたが、いつしか公的な立場を忘れ、将軍と私的な親密さを利用して賄賂《わいろ》と女色に迷わされて、自分の野望をとげるため幕政を左右するようになった。なかでも斯波氏内の紛争に介入して、さらにそれに火をつけたかれの行動は、その無節操ぶりを露骨に示している。斯波義敏は庶流の出であるため、老臣の甲斐入道常治らの専横をおさえられずこれを幕府に訴えたが、常治の妹が伊勢貞親の妾であったため、貞親が甲斐氏らに有利な進言をし、幕政が公正でなかった。それに憤った義敏は甲斐氏を討伐したが、幕府の許可を得ないその行動は義政の怒りにふれ、かれは長禄三年（一四五九）に大内氏をたよって周防《すおう》国に逃れた。甲斐氏側は寛正二年（一四六一）に義敏の子松王丸を廃して、足利氏一門の渋川義鏡《よしかね》の子義廉《よしかど》を迎えて当主とするが、このときも貞親が協力している。ところが、やがて義敏の妾の妹が貞親の妾となると、貞親は魔女のようなこの女性の色香に迷ってその言を聞き、たちまち義敏に味方し、寛正六年には義政を動かして義敏を周防から呼びもどしてふたたび当主につけた。このことは義廉に味方する山名宗全らの激怒をかい、応仁の乱勃発の原因の一つをつくっている。

管領政治の後退は将軍の側近者が政治的に進出する機会となったが、個人としてではなく集団全体が隠然たる勢力を高めてきたのが、将軍の親衛隊ともいうべき奉公衆である。奉公衆の主流は御番衆で、これは義満時代の応永《おうえい》六年（一三九九）に設置され、第一番から第五番の五隊に分かれ、交替で将軍の身辺をまもり、また敵が出現すれば出動した。かれらは義教時代まては番兵としての役割しかもたされなかったが、義政時代になって、管領や守護大名たちが自家の利益だけを追って抗争するようになると、将軍を中心に公平正大な政治的立場を堅持して団結を強めてきた。かれらは伊勢氏一族などのように足利氏譜代の出、大館・東氏のような鎌倉時代以来の名家の出、佐々木・赤松氏など守護大名の庶流からの出、中条・小早川氏などのような地方の有力国人層の出など、その出身はさまざまであったが、将軍に直結してその護衛にあたるものとして共通の意識を高めていた。この後、応仁の乱がおこって守護大名たちがみな闘争に巻き込まれるようになると、幕府の存在はかれらによって、やっとささえられる状態となる。

伊勢貞親は上述のように、御料所の管理を通じて奉公衆と関係が密接であり、奉公衆の家柄は決まっていたが、世代がかわって新参の者が義政に御目見《おめみ》えしようとするとき、貞親がその間を取りもっていることが往々みられる。かれは長禄年間（一四五七〜五九）にわが子に書き与えた長い教訓書（『伊勢貞親家訓』）の初頭にあたる第二条の中で、将軍の意向とともに御番衆にまでよく心をくばるようにと教え、かれが御番奉公衆の存在を重視していたことがしられる。奉公衆にとって将軍側近者の貞親が幕政を動かしていることは、その下でかれらが集団の力を伸張させるのに好都合であったと思われる。寛正四年（一四六三）四月に次のような幕府法が出された。それは奉公衆が在国のとき守護に対してどんな科《とが》があっても、必ず幕府に注進してその指示を仰ぐべきで、万一、勝手に処置したら守護に道理があっても厳科《げんか》に処すというのである。在京するのが原則であった奉公衆も所領の経営などのため、ときには在国することが許されたが、この法令は、御番衆に属する疋田三郎左衛門尉というものが三河国に在国のとき、同国の守護一色氏の被官人と喧嘩したのをきっかけに、出されたものである（『中世法制史料集』第二巻、追加法二六六条）。このように奉公衆にとって有利な法令が出されていることは、このころすでに、幕府が奉公衆の利益代弁者となっていたことを示している。平生は京都に在住し、将軍に直結して政治的発言力を増した奉公衆の文化生活は向上し、のちにふれるようにかれらの中に当代文化の担い手が多く見いだせる。

❖わが身さえ富貴ならば

応仁の乱直前の一〇年間に当たる長禄・寛正期の幕府政治には、上述のように矛盾や変動がおこっていたが、将軍の権威はまだ保たれており、義政もすでに二〇歳に達し、政治を親裁して、父祖義満・義教時代の足利氏盛時の再現を志すようになっていた。このころの義政は、まだ多少政道に対する反省心をもっていた。たとえば長禄三年（一四五九）四月には「上医は国を医し、中医は人を医し、下医は病を医す云々」という文章を座右の銘として書かせている。また大飢饉のあとの寛正二年（一四六二）の秋、洛西の西芳寺《さいほうじ》に出かけたときは、京都の市街を見渡しながら、境内いっぱいの紅葉は盛んなのに洛中の人家は衰微しているが、これは課役を頻繁にかけすぎたためであろうか、と側近のものと話し合ったりしている（『蔭凉軒日録《おんりょうけんにちろく》』）。しかし、実際には義政は幕府の財政が傾いていることや、庶民に経費負担の苦痛を与えることなどを顧慮せず、室町の花御所《はなのごしょ》の再建、寺社の参詣や花見の宴、また猿楽の興行などを華美を尽くして行なうことによって、足利氏の盛時が復活できるという錯覚に陥っていた。

しかし、おごりをきわめ、ぜいたくをしたのは義政一人ではなく、有力な武士はみな同様であった。当時は公家の貧困、庶民の苦痛にひきかえて、武士階層が最も実力を高めた時期であり、経済の余力を、出費を惜しまずにぜいたくな文化生活にふりむけたのである。室町時代の

初期にはまだ成り上がりものとしての気安さが抜けきらなかった武士たちは、庶民と共感できる意識があり、庶民の間にひろまっていた風流《ふりゅう》（人形などの作り物を中心に、拍子をつけて踊るおどり）・猿楽・連歌などをともに楽しんでいた。ところが、この時期になると、有力武士と庶民の間には隔絶感ができており、庶民の飢餓や反抗をよそに、有力武士たちは自分らだけがより高度な文化生活を享受しようとする欲望をもち、京都に集住する武士には、いっそうこの傾向が強かった。

長禄三年（一四五九）の春ころから天候に異変があらわれ、翌寛正元年にはそれがさらにはなはだしくなり、長期の旱魃《かんばつ》と長雨が前後して襲い、蝗害《こうがい》（いなごによる被害）までが伴って農作物は被害をこうむり大飢饉となった。これは京都の周辺だけでなく地方にも及び、備前・美作・伯耆三国でも「人民相食む」と伝えられるほどの飢餓状態となり、越前国でも餓死者が

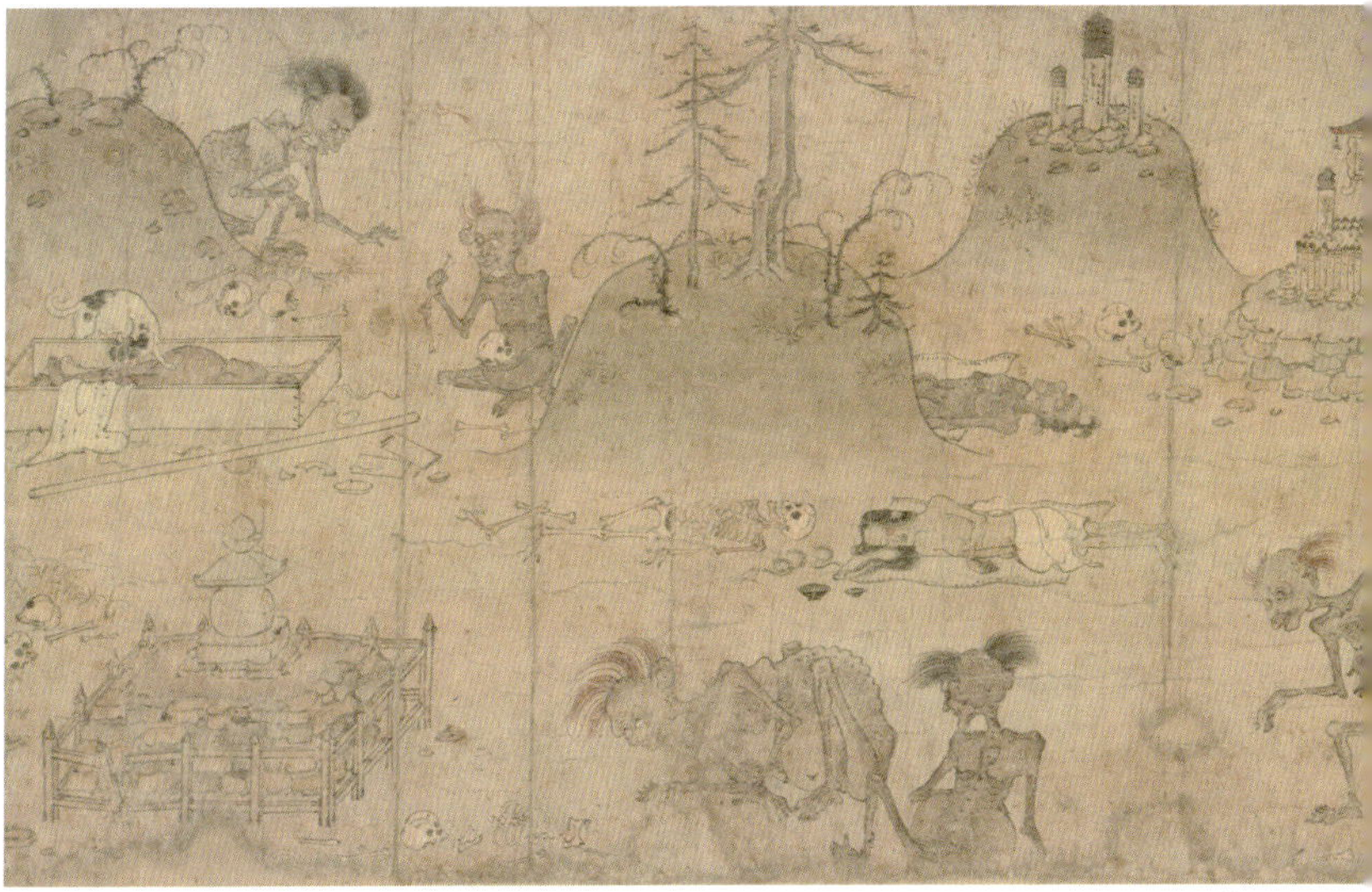

飢餓の図（「餓鬼草紙」，東京国立博物館蔵，Image: TNM Image Archives）

出て、同国坂井郡の興福寺領河口《かわぐち》荘（福井県の九頭竜《くずりゅう》川《がわ》下流地域）だけでも、寛正二年の冬から翌三年の夏にかけて一万人もの流亡者が出ている。地方で飢え、生きる望みを求めて京都に流亡の民として入り込むものが多く、行き倒れた餓死者が街をおおうありさまであった。東福寺の僧大極蔵主は比較的庶民に同情し、権勢者に批判の目を向けて日記を書いているが、その中でかれは寛正元年（一四六〇）三月、河内国から流亡した一老婦が餓死した子を抱いて泣き叫ぶ記事と並べて、多くの従者を引き連れて花見から帰る貴公子が路上の人たちを傲睨《ごうげい》し、その一行の中には乱酔狂歌して酒飯を路上に嘔吐するものもあるなど、寒心すべき行状を記している。

また翌二年二月には、時衆の僧である願阿弥が、続出する餓死者を救おうと大慈悲心をもって努力している記事に続けて、国家の大臣某の一行が梅見の帰途、馬上で狂呼し、路傍で嘔吐している浅ましいありさまを叙している（『碧山日録』）。ここに国家の大臣某とか貴公子とか記されているのは、おそらく幕府政治に参与していた有力武士やその子弟をさしているに違いない。『応仁記』はこの時期の人心の動きを、「然《しか》レドモ只《ただ》天下ハ破レバ破レヨ、世間ハ滅《ほろ》バ滅《ほろ》ビヨ、人ハトモアレ我身サヘ富貴ナラバ、他ヨリ一段瑩羹《えいこうよう》様ニ振舞《ふるまわ》ント成行《なりゆ》ケリ」と描写している。

わが身の栄華を誇る武士たちにいっそう刺激を与え、その豪奢ぶりを率先して発揮したのが義政であり、それは長禄・寛正期に入ってきわまったといえる。後にもふれるように、義政が室町殿（花御所）を再建することを決めたのは長禄二年（一四五八）一一月で、ちょうど大飢饉が進行している長禄三年から翌寛正元年にかけて、御所内に新殿や泉水の造営がつぎつぎに進められた。賀茂川には棄てられた死骸が積み重なり、屍臭が洛中をおおうときに、ぜいたくな土木工事をおし進める無神経ぶりを黙視できず、後花園天皇は次のような一篇の詩を義政につかわした。

残民争イ採ル首陽ノ薇《わらび》
処々閉ジ炉ヲ鎖ス二竹扉ヲ一
詩興吟ハレ酸ナリ春二月
満城ノ紅緑為ニレ誰《たが》肥ユル

その大意は、生き残った人民は山に野草まで求めており、家々は炉をとざして疲弊しきっている。ときは春二月、詩興がわき、これを吟じても悲しみが増すばかりである。いったい誰がために京都中の花や新緑が盛りとなっているのであろうかというもので、義政に対する痛烈な諷諫《ふうかん》であった。かれもこれによっておおいに恥じて新殿造営の工事をとめたといわれているが（『長禄寛正記』）、一方ではこのころから、母重子のために華麗な高倉御所の造営をはじめているのである。

義政はこのころ、しばしば諸大名の邸や社寺で饗応を受けており、そこへ出向くときの行列の侍従者たちの衣裳がきらびやかなことは、「光輝眼を奪う」といわれるほどであった。義政の栄華が極点に達したのは、寛正五年（一四六四）四月の糺河原《ただすかわら》（賀茂川と高野川の合流点）における勧進猿楽興行の見物と、翌六年三月の花頂山・大原野の花見の宴だった。このときの猿楽興行は鞍馬寺修造資金の調達を名目としていたが、実際は将軍義政の威勢を誇示しようとする大規模なもので、名人音阿弥《おんあみ》を中心とする観世座によって演じられた。舞台のまわりに設けられた公家・門跡衆《もんぜきしゅう》・諸大名の見物桟敷《さじき》には、かれらが目のさめるような衣服を着かざってつめかけ、また見物の庶民も群集した。この中に義政は夫人富子とともに臨席したのである。興行の三日間は晴天に恵まれ、この盛大な催しは天下太平のしるしであるとされた。しかしそのかげには、門跡・大名からその出費を徴発されて苦しむ領民がいたのであり、すでに社会には地すべり的な変動がおこっていたのである。

ちんしゆ

室町殿（「洛中洛外図屏風」，国立歴史民俗博物館蔵）

室町殿跡（山下暢之撮影）

また義政は寛正六年三月四日に東山の花頂山で、同月六日には洛西の大原野で花見の宴を催しているが、そのときの衣服・調度などは、ことごとく華美をきわめた盛大なものであった。花頂山では花の下で連歌会を催し、義政みずから発句《ほっく》を作って「サキミチテ花ヨリ外ノ色モナシ」といっている（『蔭凉軒日録』）。これは応仁の乱を眼前にひかえながらも、得意の絶頂にあったかれの姿を象徴的に示しているといえよう。

❖室町殿と高倉御所

京都に集住している有力武士たちの間には、嘉樹・珍石を配した庭園をもち、数奇《すき》をこらした邸宅を造る気運が高まっていた。先にもふれた大極蔵主は寛正年中の初めに、管領の細川勝元や所司代の多賀豊後守高忠の私邸を訪れ、壁には唐絵をかけるなど調度品の整った室内の華麗さや、魚鳥の遊ぶ園池の美しさなどに目を見張っている（『碧山日録』）。このような風潮は応仁の乱後には、地方の国人層武士の間にまで波及することは後に述べる。そして邸宅や庭園造りを率先して行ない、このような風潮に拍車をかけたのが義政であった。

義政は飢饉の惨状をかえりみず室町殿の造営をおし進め、寛正元年（一四六〇）中には、会所・泉殿などのおもな殿舎もでき、庭園の泉水も整備されていたのであり、樹木や庭石が各所から徴発されて、山名持豊をはじめ諸大名が分担してこれを運び込んでいたのである。しかしその造営が完成するのは寛正五年で、泉の西殿などの新殿もでき、庭園の泉水にもいっそう手が加えられた。同年一一月、後花園院の室町殿御幸があった翌日に殿内の廻覧を許された相国寺蔭涼軒主《おんりょうけんしゅ》の季瓊真蘂《きけいしんずい》は、「その華麗その珍宝種々ほとんど枚挙すべからず」と記している（『蔭涼軒日録』）。また東福寺の大極蔵主は応仁の乱がはじまってからであるが、応仁二年（一四六八）一一月に東軍の陣営を訪れ、ひそかに室町殿の内を見物しており、「ここは多くの殿舎が渡殿や廊下で重なりあうように結ばれており、まるで迷路に入り込んだようである。南庭には山水の境に亭がたち、池の白州には舟をつなぎ、奇花珍石を配置し水鳥をはなっている。土木の工ここに尽きるというべきである」と、室町殿全体の景観を伝えている（『碧山日録』）。

室町殿は義満によって永和《えいわ》四年（一三七八）に造立されており、足利幕府が室町幕府と呼ばれるのは、この将軍邸の名称によっている。室町殿はまた花御所と呼ばれるが、それは義満の室町殿以前にこの地にあった崇光院の御所が花の美しい庭園をもっていたためであろうか、すでに花御所といわれており、この呼称を引き継いでいるのである（『後愚昧記《ごぐまいき》』）。しかし、やがて室町殿の殿舎や庭園の華麗さをあらわす意味もこめて、花御所とか花営とか呼ばれるようになったのであろう。室町殿の位置は現在の京都御所のすぐ西北方に当たり、今出川《いまでがわ》通り以北、烏丸《からすま》通り以西、室町通り以東の東西一町、南北一町半の地域で、正門は室町通りに面して設けられていた。ここは義持時代一時放置されていたが、義教がこれを再建した。しかし、義教・

西芳寺の園池（ALamy 提供）

義勝の相次ぐ急逝によって、ここには邪気が満ち種々の怪異が発生するという理由で、義政はこれに入らず、それまで養育されていた烏丸資任邸を将軍邸として改造し、諸殿舎や泉水も立派に完成させた。ところがその完成の直後に、義政は三回目に当たる室町殿の造営を進めたのであった。

　高倉御所は義政が母重子のために修造したもので、その工事は寛正三年（一四六二）の初めころから急速に進められている。このころ、かれは頻繁にこの邸に出かけているが、それは母に対する孝心というよりも、自分の趣味をこの修造に注ぎ込みたいという気持ちからのようであった。その殿舎は贅《ぜい》を尽くしたもので、障子には当代一流の小栗宗湛《おぐりそうたん》に絵を描かせており、その一間の価に二万貫を要したという。かれが最も力を入れたのは泉水の造営で、これには室町殿の大泉水と同様に、造園の妙手善阿弥の力をかりたことはもとよりであるが、その設

相国寺の裏方丈庭園

計から施行まで、まったくかれが中心となってことを進めている。そのため義政は夢窓疎石の手になる名園として知られた西芳寺《さいほうじ》（苔寺）に再三出向いて、その勝景を移すことにつとめている。その泉水は寛正三年六月に一応できあがって水が引かれたので、側近の禅僧たちがそれを拝見したいと申し出たが、かれは泉水に配置する亭ができるまで待たせ、翌七月に自分の創作物でも発表するような調子で、かれらを招いて一覧を許したのであった（『蔭涼軒日録』）。高倉御所に住んだ晩年の重子は高倉殿と呼ばれていたが、寛正四年（一四六三）八月に死去した。かの女はたびたび政治に口ばしを入れて義政を苦しめたが、かの女の死後は同じ日野氏の出である夫人富子の発言力がいっそう強まってくる。

　義政は自邸の庭園だけでなく、たびたび訪れる相国寺塔頭《たっちゅう》の庭園にまで気をつかい、その改造を指示している。蔭涼軒では庭頭の樹を嘉樹に改めたらよいと、善阿弥を差し向けたことがあり、また雲頂院では卵塔の背後には楓樹《ふうじゅ》がよいとし、楓樹の画様をみずから選んで、そのようなかっこうの樹を東山から移し植えさせたこともあった。義政は寛正六年(一四六五)一〇月、東山に山荘を造営する計画をはじめた。その場所は南禅寺の塔頭恵雲院で、同院には替地を与えて他に移ってもらい、そのあとを山荘の敷地に決めたのである。その地は東山のふところに抱かれ、山を築き水を引くのに便宜な塵外の佳境であった。このころのかれの心境は後に述べるように、すでに将軍職を弟の義視《よしみ》に譲ることを決めており、地位も准《じゅ》三后《さんごう》にのぼっていたのであるから、祖父義満の北山山荘の生活をまねて自分も東山山荘で隠居政治をはじめたいと考えていたのであろう。しかし、直接には調子づいてきた泉水造りの手腕を、さらに東山山荘の経営でふるってみたいという気持ちが強かったものとみられる。ところが、この計画は応仁の乱の勃発によって中止された。

❖芸能者たちの活躍

長禄・寛正期には京都を中心に、すぐれた芸能者たちの活躍が見られるが、かれらは義政となんらかの関係をもつものが多く、なかにはまるごとかれの庇護を受けているものもあった。義政が東山山荘の生活をはじめるのは応仁の乱の後であるが、乱以前のこの時期の芸能活動も、ひろく東山文化のうちに含めてとらえるべきであろう。東山文化の全体的な考察は後にゆずり、

枯山水の庭（大徳寺大仙院）

ここでは義政と結びつきの深かったこの時期の芸能者たちの活躍をながめておきたい。

義政が室町殿や高倉御所の泉水造りに熱中したとき、最も力とたのんだのは庭師の善阿弥であった。そのころ善阿弥はすでに七〇歳を超えた老齢で、室町殿造営の途中で病気で寝込んだことがあったが、義政はかれに高貴薬を贈ったり、毎日の病状を報告させるなど気をつかい、かれが健康を回復して室町殿の大泉水が完成したときは、五千疋《ひき》を与えてその功をねぎらっている。蔭凉軒主季瓊真蘂《きけいしんずい》は、善阿弥が義政から深く愛護されるのは、かれが築山引水の妙手として当代に並ぶもののない名人であるからだといっている。善阿弥の手腕の実際については、季瓊が文正《ぶんしょう》元年（一四六六）四月のある夕方、睡隠軒で築庭している現場に出かけ、「小岳を築くを見る、善阿築くところその遠近峯澗《ほう》、もっとも奇絶たるなり、これに対するに飽かず、忽然《こつぜん》として帰路を忘るなり」と感嘆している。善阿弥は小庭の中に奥深い風景を組み立てて、幽玄な別世界を開こうとする象徴的な手法を取り入れていたのである（『蔭凉軒日録』）。

善阿弥は河原善阿弥とも呼ばれており、河原者の出身であった。鴨川の河原などは洪水もおこり不毛の土地として免税地であったが、それらの土地に住みついたのが河原者と呼ばれる人々であった。田畑がほとんどないため壁塗り、庭造りその他諸種の手工業に従っていた。河原者が庭造りを特技とするといっても、室町時代前期にはまだ禅僧の作庭者が指揮監督に当たっており、その下で石を運び、樹を植え庭の掃除をするなど、当時卑賤といわれていた役に従っていた。しかし豊富な見聞と体験の蓄積の上に、やがてかれらの中から造庭の名手が生まれてきたのである。すでに義教時代の末ころに、河原者虎菊というものが義教から造庭をまかされており、善阿弥の先駆をなしている（『看聞御記』）。義政が卑賤視されていた河原者の善阿弥に身分を超えて愛情を注いだのは、善阿弥が先述のように抜群の造庭者であったからであるが、このことを可能にしたのは義政個人の心情とは別に、後に述べるように、当時社会の底辺におかれたものたちの意識の盛り上がりがあり、社会全体もかれらの声に耳を傾ける情勢にあったことにもよるであろう。ことに芸能の世界では、造庭にかぎらず各方面で、芸能そのものの力によって自由に上級社会に出入りすることができる気運にあった。東山文化では精緻《せいち》で高度なものが求められたが、これに生気をつぎ込んだのはむしろ社会の底辺から出たものたちであった。

義政の猿楽能愛好熱が最も高まったのも長禄・寛正期であった。かれは諸大名の邸を訪れたとき、猿楽を催して接待されることを好んだ。この時期に義政の愛顧を得て、華々しく活躍したのが音阿弥であり、かれは先にふれた寛正五年の勧進猿楽の中心となったのであった。義政は音阿弥の演技を絶妙だとほめ、かれが老いてますます健在なことを喜んでいる。音阿弥は世阿弥の甥《おい》であるが、伯父の芸の正統を継いでいなかった。義満の愛顧によって身を立てた世阿弥は、好悪の情が激しい義教時代になるとその譴責にあい、永享六年（一四三四）佐渡配流の処罰まで受け、逆に音阿弥が引き立てられた。そのため芸の奥義は音阿弥には譲られなかった。音阿弥は義教の急死で一時ささえを失うが、義政の愛顧が得られるようになり、晩年に全盛期を迎えるのである。猿楽能が武家社会に浸透し、その式楽のようになるのはこのころである。同じ時期に世阿弥の女婿で、その芸の奥義を伝えられた金春禅竹《こんぱるぜんちく》がいた。音阿弥の芸が華麗な面を強調していたとみられるのに対し、禅竹はその著わした書物によると、世阿弥の幽玄美を引き継いで簡素な枯れた美しさを追求している。かれらの祖父観阿弥の時代には、猿楽はまだ公家から「乞食の所行」と賤視されていたのであったが、この時期には高度な内容をもつようになっていたのである。

　義政は絵画についても見識をもっており、在家の画師小栗宗湛《おぐりそうたん》を当世ではかれの右に出るものはないと認め、寛正三年（一四六二）蔭凉軒主季瓊真蘂の私寮である松泉軒の障子に備湘八景図を描かせた。かれはその美事さに感嘆し、さっそく造営中の高倉御所の障子に描かせ、月俸を与えて幕府の御用画師としている。これまで唐絵はすべて禅僧の手によって描かれ、これより先に幕府の御用画師であった周文も相国寺の僧であった。宗湛も僧体となり、蔭凉軒に身を寄せ、季瓊から唐絵の筆者として尊重されていた中国画家牧溪《もっけい》にちなんで、自牧という庵号を与えられている。しかし在家出身のかれの台頭は、続いて禅宗の背景をまったくもたない画師狩野正信が活躍できる道を開いたものである。正信は後に述べるように東山山荘の造営にあたり義政に用いられ、その殿舎の障子などに手腕を振るうのである。このころ義政の側近には座敷飾り、道具管理その他将軍身の回りの諸雑事の世話に当たる能阿弥・千阿弥などと呼ばれる阿弥号を称する遁世人がいた。かれらは、絵画・立花・香合・茶湯などのいずれかにすぐれた特技をもち、東山文化の重要な担い手であるが、かれらについては後に述べる。

盛り上がる社会意識

❖頻発する徳政一揆

東福寺の僧大極蔵主は、義政の政治を批判して五つの難点をあげたが、その一つとして、義政の時代になると数年おきに庶民たちが一揆して騒動をおこし、徳政と号して借銭の帳消しを要求し、その証文や質物を富家から奪い取っている。これは社会の秩序をみだし天の徳にさからうもので、それを制し得ないのは義政の責任である、といっている（『碧山日録』）。また『応仁記』には、義政一代の間に徳政ということを一三回までも行なったので、高利貸資本である土倉はすっかり弱ってしまったと書かれている。しかし、実際に幕府がこの間に徳政に関する法令を出しているのは、享徳三年（一四五四）・長禄元年（一四五七）・文明一二年（一四八〇）・同一七年（一四八五）の四回だけである。

しかも義政時代の徳政は、義教の急死直後に出された嘉吉元年（一四四一）の徳政令が、荒

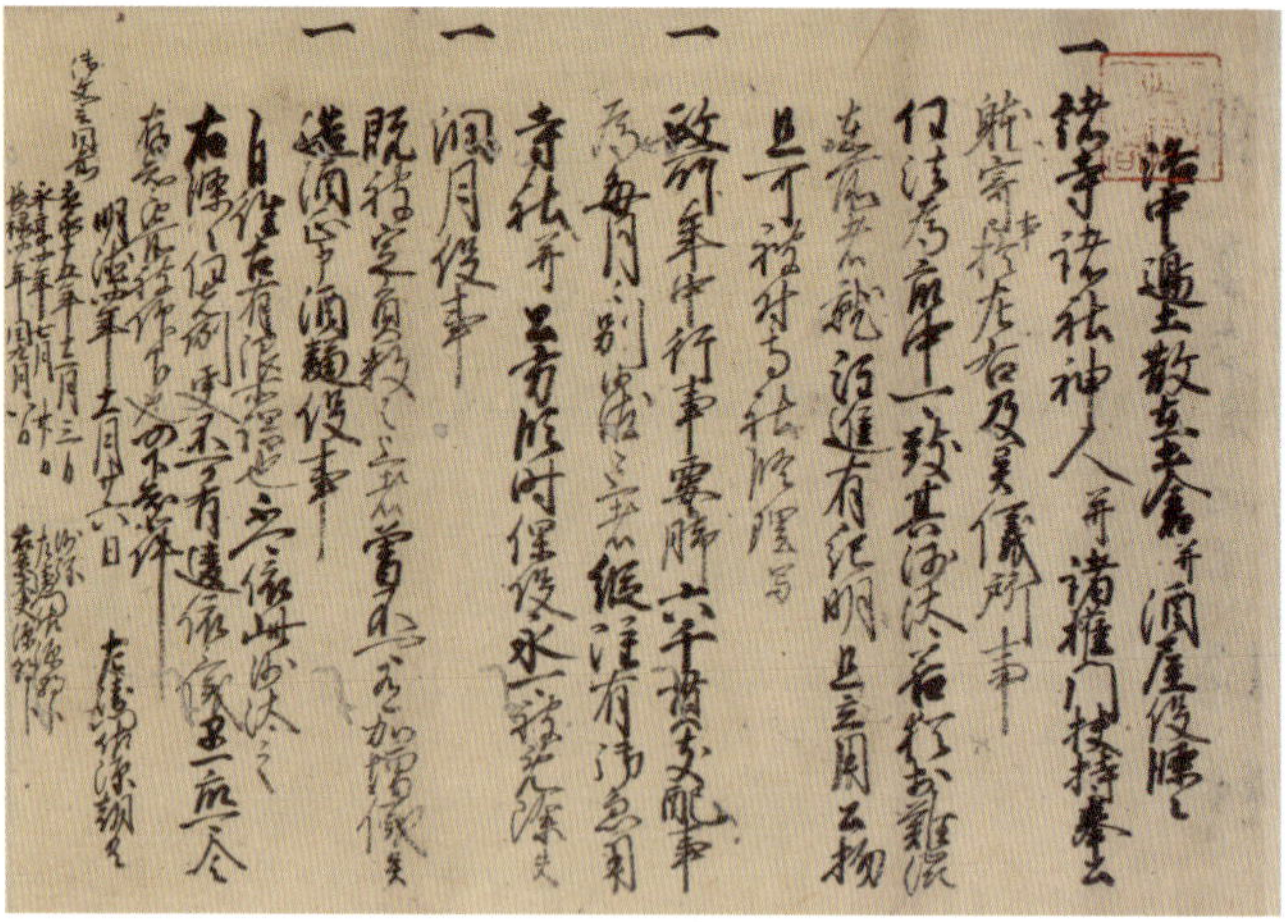

洛中辺土散在土倉并酒屋役条々（「蜷川家文書」，国立公文書館蔵）

れ狂う土一揆の勢いにおされて幕府の弱腰をさらけ出し、徹底した貸借関係の破棄を内容としていたのとは違い、一応、土一揆の騒動が鎮静してから発布されたものである。そのおもなねらいは、いずれも貸借金額の五分の一または一〇分の一の、分一銭を幕府に納めさせることによって、債務者に対しては借銭の破棄を、債権者に対しては権利の再確認を行なうという、いわゆる分一徳政令であった。徳政一揆がおこっても幕府は徳政を認めず、軍勢を遣わしこれを制圧しようとするが、次に述べるようにその軍勢は実力のないためか、また熱意が不足しているためか、いつも土一揆が一時猛威を振るい、土倉はその勢いに屈して質物を投げ出し、徳政令は出なくても私徳政が行なわれるのである。幕府は土倉から営業税ともいうべき土倉役を公納させ、これが義政のたいせつな財源となっていた。ところが土倉役は質物の多少によって賦課されるので、徳政一揆がおこると、たちまちこの納銭は停止してしまう。分一徳政令は、この幕府の被害を債権者・債務者のほうに転嫁させようとし、分一銭を納めなければ徳政の効果を発揮させるぞ、とおどしているような虫のよい法令であった。

義政が家督を継いでから応仁の乱が勃発するまでの二五年間に、京都を中心におこった徳政一揆だけでも一〇回に及んでいるが、次にそのうちのめぼしい一揆の動きをながめてみよう。

文安《ぶんあん》四年（一四四七）の一揆は同年七月まず近江・河内両国からおこり、これがたちまち山城や奈良に波及し、やがて洛中に侵入して天下の重大事に及ぶといわれたが、八月に入ってようやく鎮静している。このとき一揆の行動が機敏であり、それが急速に広範囲に波及しているのは、情報網と機動力をもった運搬業である馬借《ばしゃく》の集団がその先鋒《せんぽう》をつとめていたからである。享徳三年（一四五四）の一揆は、東福寺が三重塔建設の資金を通行税に求め、新たに関所を設けたが、同年六月それに反対する近郊の醍醐・山科《やましな》の民が一揆をおこして関所を破壊し、その勢いに負けて東福寺も関所を廃止した。この成功が火付け役となって同年九月には徳政を求める一揆が蜂起し、洛中で勢いを振るい、土倉はそれに屈して質物を押し取られて、私徳政が行なわれたのである。そのため土倉からの公納金がたちまち停止したので、その財源を補うため、幕府は先述のように分一徳政令を出したのである。

長禄元年（一四五七）の一揆は享徳三年のときにも負けず激しかった。まず同年八月河内方面での関所の新設反対の一揆にはじまり、それが京都に波及し、一〇月の初めには徳政を要求する土一揆のために、京都の東口はふさがれてしまった。しかしこのときは、土倉方も反撃の準備をして傭兵《ようへい》を召し抱え、それには政所執事の伊勢氏の家臣も加勢しており、やがて諸大名も援兵を出している。土倉方は京都中央部の因幡堂《いなばどう》にたてこもり、終夜早鐘を鳴らして警戒に当たるのに対し、土一揆方は京都南方の東寺や三十三間堂を占拠し、ここから都心部に攻め込み、また西方からは西岡の民が馬借を先頭に乱入するというありさまで、なかなか勢いが強かった。土一揆側はしばしば鬨《とき》の声をあげ、早鐘を鳴らし、鼓を打ち、角笛まで吹いて気勢をあげ、また所々に火をかけて焼きはらうので、人々は不安と恐怖に陥れられた。

同年一〇月末には土一揆の勢いのほうが強く、土倉方は傭兵隊長が討たれて退却し、かわってまかり出た管領細川氏をはじめ、山名・一色氏などの諸大名の兵もかえって敗北し、一色氏の家臣には多く討死するものがあったほどであった。当時京都に滞在し、このありさまを見聞した興福寺大乗院前門主の経覚《きょうかく》は、「武家のていたらくなきがごときか、嘆くべし、嘆くべし」と武家の不甲斐《ふがい》なさを嘆じている（『経覚私要鈔』）。一一月に入ると土倉方はついに土一揆の勢いに屈して質物を投げ出しており、幕府の徳政令がまだ出ていないのに私徳政が行なわれたのである。このとき田舎《いなか》者はただで土倉から質物を取り出すが、京都者は元金の一〇分の一を申しわけ程度に出して取り出しているということで、経覚も京都者なみに一〇分の一を出して京都の土倉に入れていた質物の硯《すずり》・文台を取り出し、これで自分も土一揆の同類になってしまったか、一興、一興と自嘲している。こうして土倉からの公納金が一時停止してしまうことが明らかになったため、幕府は同年一二月に先の享徳三年のものよりも、いっそう確実に債権者・債務者の双方から分一銭を取り上げられるよう工夫した分一徳政禁止令を出している。このときは表面的には禁止するといっているが、事実上は分一銭を出さなければ、徳政令が出たと同様の結果にもなるのであるから、消極的な徳政令だといってよいであろう。

寛正三年（一四六二）の一揆も丹波国《たんばのくに》のものなども加わった大規模なもので、京都を取り巻き相国寺や東福寺に押し入ろうとし、賀茂神社の林や東寺を占拠したが、ついに洛中に攻め込めず、土倉・酒屋に手をつけることができずに敗退してしまった。これは、このときはめずらしく諸大名の兵が義政の命に従って防戦につとめており、ことに京都の警備を担当する所司の京極持清や、このころ家を再興することが許されていた赤松政則の兵が、すぐれた戦功をたてたからであった。このときの土一揆の大将は「牢人《ろうにん》の地下人《じげにん》」である蓮田兵衛というものであることがはっきりしており、かれは敗れて淀川を舟で紀州方面に逃れるところを捕えられ、他の張本人とともに処刑されている（『蔭涼軒日録』、『碧山日録』、『長禄寛正記』）。

この年の土一揆を失敗に終わらせることができたのは義政の命がゆきとどいたからであったが、また京極持清の下で名所司代とうたわれた多賀高忠の方略が、効を奏したためでもあった。高忠は持清の重臣で、この年一〇月の初めに所司代となるが、その職に任命された翌日に、

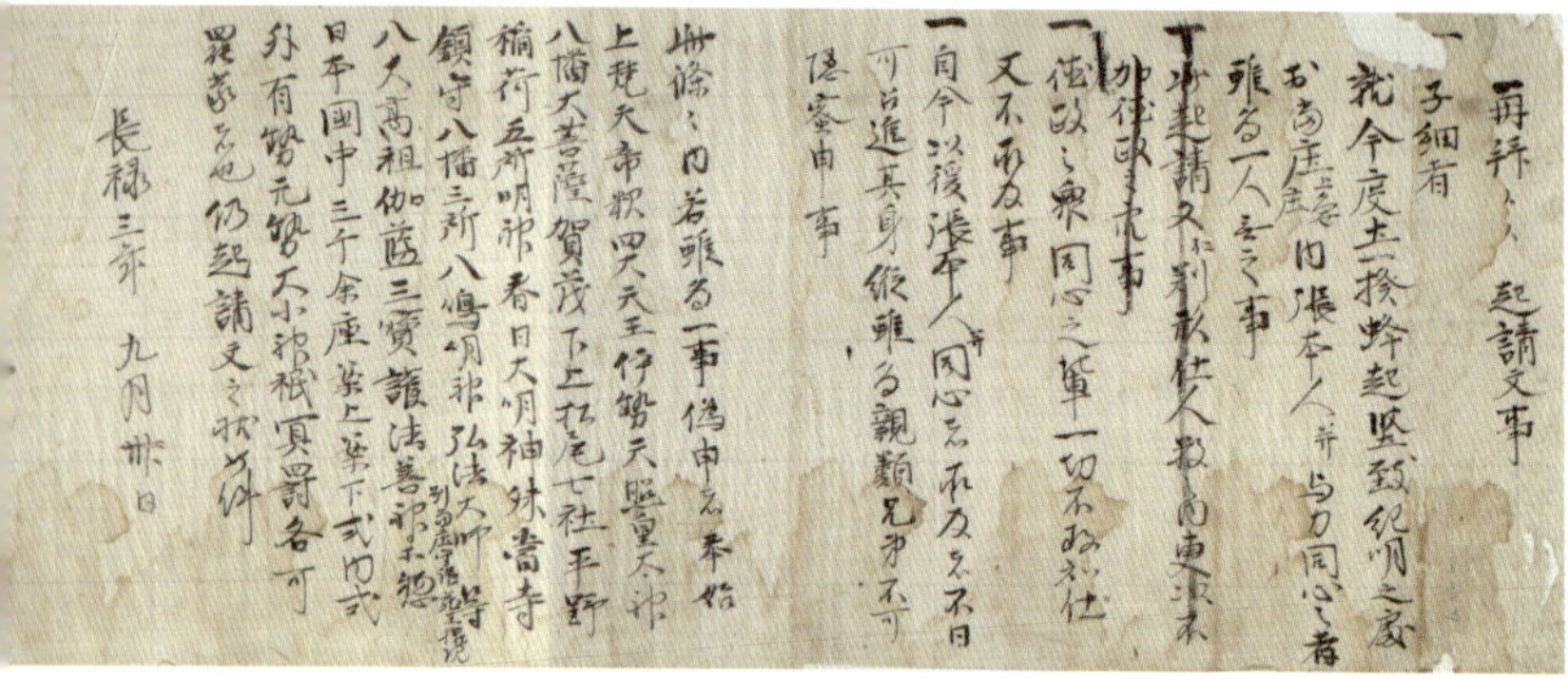

（京都府立京都学・歴彩館蔵）

さっそく徳政を主張する賊を召し捕らえたほどの手腕家であった（『碧山日録』）。このとき高忠の方略の第一は、諸大名や将軍奉公衆の被官となっている下級武士たちが、土一揆に内通しないよう予防することであったと思われる。翌四年一〇月に徳政一揆が蜂起したときも、義政は高忠の方略に従って諸大名や奉公衆に対し、その被官人が土一揆に加わらないよう厳しい禁制を申しわたしている（『蔭凉軒日録』）。

大名に率いられて在京する地方武士の経済は苦しく、土倉から借銭するものが多かったことは、土倉の質物中で武具が優位を占めていたことからも察せられる。質物の中には絹布・書籍などもあるが、とくに武具は利息が高く、流質の期限もいちばん長い二四か月とされており、武士が土倉の好顧客であったことが知られる。それゆえ、かれらは徳政を期待する立場にあったのである。また大名や奉公衆の被官人の中には、土一揆の発生地である京都近郊の地侍層の出身者も多く、かれらは在村のときはその地方の指導者であった。長禄元年の一揆のとき興福寺の経覚は武家の不甲斐なさを嘆じたが、在京の武士たちには、本気で土一揆に立ち向かえない事情があったのである。

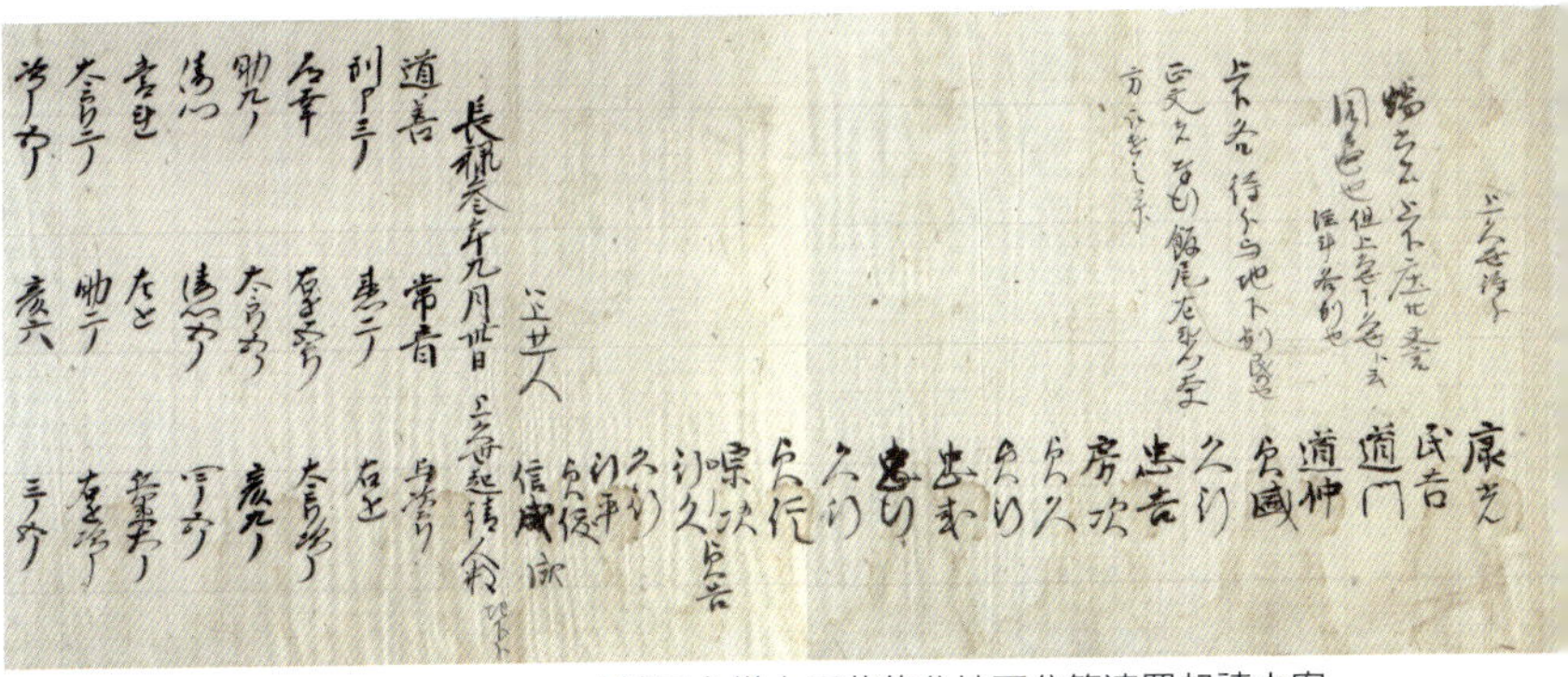

山城国久世上下荘侍分地下分等連署起請文案

❖地侍と農民

先に述べた徳政を要求して、京都に押し寄せる土一揆の主力は、京都の周辺郷村《ごうそん》の農民であり、かれらに情報を提供し、ときにはその連絡役をつとめ、またその先鋒となって活動したのは運搬業者の馬借であった。しかし土一揆が単なる烏合《うごう》の衆におわらず、相当な戦力をもっていたのは、各郷村において農民の指導層であった地侍が、その中核となって加わっていたためとみられる。地侍は郷村においては名《みょう》田《でん》をもった荘官・名主《みょうしゅ》であり、農業生活の面では一般農民とともに郷村共同体の一員であった。ことに荘園領主に対して年貢の減免や井溝修理料の給付などの要求をする場合には、地侍・農民が一体となって共同戦線を張っているのである。たとえば京都の南西方の西岡地方にあった東寺領の上久世荘では、室町時代前期から引き続いてたびたび名主・農民が一体となって、東寺に対し「名主百姓等申状」という請願書を出し、またともに東寺に列参して、その要求を少しずつでも認めさせることに成功しているのである（『東寺文書』）。

地侍はこのように農民と一体となって行動することが多かったが、一方郷村内で同じ地下人ながら一般農民とは区別されて、侍とか殿原と呼ばれ、いちだんと高い身分とされていた。長禄三年（一四五九）にも徳政一揆がおこり、先述の上久世荘にもこれに加わったものがあったという嫌疑がかかったため、同荘の二一人の地侍と八五人の一般農民が名前を書き連ねて、自分らの中には一揆の張本人や同心与力のものは一人もおらず、また、ほかの同心者も存知せず、今後も張本人などを隠すことをしないという起請文を幕府に提出している。しかし、この起請文には地侍と一般農民が区別して連署しており、紙も別のものを使用している（『東寺百合文書』）。このことからも両者の間にはっきりした区別ができていたことが知られる。

地侍は農民と違って、粗末ではあっても甲冑《かっちゅう》を用意し、いつでも武装することができた。かれらは経済活動も活発で、これまで所有する名田のほかに土地を買い集めるものもあった。一方、出費も多いため土地を抵当に京都の土倉から借銭する機会の多かったのも地侍であった。またかれらは大名や将軍奉公衆の被官人や宮家・公家の侍となって奉公に出たものも多かった。次にふれるように伏見荘内の二人の有力な地侍三木・小川両氏は、前者は守護大名畠山氏、後者は山名氏に奉公しており、また西岡地方で名の知られた革島・石井・鶏冠井《かえで》・馬場氏などの地侍は、いずれも幕府の政所執事伊勢氏の被官人となっている（『親元《ちかもと》日記』）。かれらは武家や公家に奉公することによって、郷村を超えた広い立場に立つことができたが、それで郷村と縁を切ったわけでなく、本拠はあくまで郷村に置いていたのである。たとえば西岡地方の地侍の一人が永享七年（一四三五）に伏見宮家に新参の侍として奉公することが許されたが、かれは常時奉公するのではなく、宮家の侍として名をかりるだけで、必要があるときに参仕すればよいことになっていた（『看聞御記』）。また寛正六年（一四六五）に徳政一揆が西岡地方から蜂起したとき、伊勢氏はその被官人となっていた同地方の革島・石井氏らの地侍に対し、一揆に同意することをかたくいましめ、さらにかれらが一揆に巻き込まれないため、その蜂起が鎮まるまで伊勢氏のもとに参洛するよう命じようとまでしている（『親元日記』）。これからも武家奉公の地侍も平生は郷村に在住していたことが知られる。

次に郷村内における地侍と農民の関係を、京都の南東郊の伏見荘について、もう少し具体的にながめてみよう。この荘は六つの村落に分かれていたが、全荘民が同荘の惣鎮守の御香宮を中心に団結し、用水・採草のことなどで近隣の木幡・三栖・槇島・醍醐の農民と争ったりしている。しかしこの荘でも地侍と一般農民の区別があり、地侍の中では三木・小川両氏が有力であった。多少時代がさかのぼるが、永享年間には三木善理が同荘の下司職《げししき》と御香宮神主職を兼ねており、一方小川禅啓は荘園領主伏見宮家が荘内に在住していたためその用務を行なう地下《じげ》政所職《まんどころしょく》に補せられていた。ところが、善理は畠山満家の被官人となり、それに対抗して禅啓は山名時熈《ときひろ》（持豊の父）に奉公している。そのため、かれらは伏見荘の沙汰人であるのに、武家方から警固や出征のため動員をかけられてあわてたこともあった（『看聞御記』）。

永享五年（一四三三）四月、伏見荘の郷民は東隣の醍醐の郷民と、境にある炭山の柴刈りのことで争論し、ついに土一揆をおこして炭山に入り込み、醍醐側の三人を打ち殺し三人を捕らえ、またかれらのうちからも二人が醍醐側に捕らえられた。伏見の郷民はこれまでも肥料・燃料の獲得に意欲を燃やし、そのために命を張って隣郷と争ったこともしばしばあった。これは農民層の生産意欲が向上したためとみられるが、争いに当たって指導者となったのは地侍であった。

このときの争いは当時醍醐側の領主が、黒衣の宰相といわれた幕府の政治顧問の三宝院満済《まんさい》であったので、たちまち幕府に訴えられ、幕府から張本人を差し出すよう伏見荘に命じてきた。炭山乱入の張本人は三木氏一族の二人の地侍であったが、伏見側は土一揆だから張本人はわからないとその差し出しを拒んだ。そのため侍所所司代の率いる二百余人の軍勢の発向を受けることになり、伏見郷民たちは幕府軍に敵対するために耕地をすてて山に入り、地侍も甲冑《かっちゅう》をつけて行動をともにしている。このことを知った伏見宮貞成親王は「蟷螂《とうろう》（かまきり）の流車に向かうがごとき思慮なきやり方だ」と驚いて、沙汰人の小川禅啓らに山からおりて降参するようにとすすめ、ようやくことがおさまった。この結果二人の張本人のうち一人は伏見荘内で捕らえられるが、もう一人の地侍三木兵衛四郎は伏見から逃亡し、五年後の永享一〇年（一四三八）に将軍義教の夫人三条尹子の御中間九郎次郎の口ききで、無事に荘内に帰住できるよう運動している。おそらく、かれは将軍夫人の御中間に奉公していたのであろう。ここにも地侍の性格の一面が見られる(『看聞御記』)。

地侍は経済的に余裕もあり、また郷村を超えて広い視野をもっているので、文化教養についての関心も強かった。伏見荘でも、地侍が伏見宮家の台所で行なわれた連歌や茶湯の会合に加わっている。かれらはまた猿楽にも熱中しており、同荘内御香宮での猿楽見物のため、三木善理がその奉公先の畠山氏の子息を招待したのに対抗し、小川禅啓はその翌年に山名氏の妻女を、猿楽見物の桟敷に招いて接待したこともあった。狂言の小名物に属する曲目のほとんどは、京都周辺の農村に住む地侍の姿を描いたものとみられる。かれらは太郎冠者《かじゃ》・次郎冠者といわれるほんの一、二人の家来をもった小分限のものであるが、太刀を帯び侍身分としての自覚をもっていた。失敗は重ねるが、中国の故事にも通じ、和歌のひとつもつくることができる教養をもち、競争心も強く、近隣のあちこちで催される茶湯・連歌・立花などの寄合に熱心に出向いているのである(しどうはうがく・あかがり・しんばひ等)。応仁・文明の乱直前の文正元年(一四六六)の記録にも、まだ武士身分をもたない凡下のもののなかに、農業をすてて武芸を習い、系図を買ってみずから侍と称し、いろいろの芸能を身につけて自己を粉飾し、社会に頭をもたげてくる人々の姿があったことを描いたものもある(『文正記』)。これらによって地侍が東山時代の文化活動の一翼を担っていたことが察せられる。

❖庶民的宗教の隆盛

義政の周辺には先代から引き続いて三宝院・聖護院・実相院・青蓮院など、天台宗や真言宗に属する格の高い門跡寺院の住職が護持僧となっており、将軍の安穏息災を願う祈禱のいっさいを引き受けていた。また京都五山の第一流の禅僧たちは、義政に面謁《めんえつ》が許される御相伴衆《ごしょうばんしゅう》に選ばれており、禅宗寺院が義政の来訪をうけることもしばしばであったので、かれらが趣味・教養の上で義政に与えた影響は大きいものがあった。かれらは幕府の保護に慣れて貴族化し、すでに活発な信仰活動を停止し、ひたすら寺領の保護を義政に求めるようになっていた。義政はこのように既成宗教に取り巻かれていたが、一方この時期には、庶民の間に信心をもととする逞《たくま》しい宗教運動が台頭し、それはついには義政の周辺にも影響を及ぼすのである。

関東地方に早く弘通《ぐずう》していた法華宗は南北朝時代からその諸派が競って京都を中心に西国方面への伝道に乗り出していたが、東山時代に入って伝道の成果が大いにあがった。この先頭を切ったのが日親法師であり、かれは、すでに永享一一年（一四三九）義教に法華宗のほかは邪宗として退けるようにと諫暁《かんぎょう》したため義教の怒りに触れて投獄され、灼熱《しゃくねつ》の鍋をかぶせられたり舌の先を切られたりする折檻《せっかん》に耐えた末、義教の横死によって赦免されるという法難をくぐりぬけていた。かれは西国各地で布教したが、ことに肥前国《ひぜんのくに》では法華宗と縁故の深い関東の千葉氏の分家が勢力をもっていたので、それをたよって同国内の他の諸宗派を嘲り、宗論をもちかけて強引に法華宗に転宗させた。これが京都に聞こえたため寛正元年（一四六〇）幕府から召喚されるが、千葉氏は東福寺門下の諸寺院を返付することでそれをまぬがれさせようとする。しかし、同年二月にふたたび速やかに上洛するよう命じられ、やっと同年一一月になって京都に着いた。その甚《はなは》だしい遅延が不審がられたが、すでに事情を聞いていた蔭涼軒主季瓊は義政に、これは途中で人々が渇仰帰依《かつごうきえ》して路をさえぎったからだと説明し、これを聞いて義政も微笑してうなずき、このため日親の厳科の罪は一等減ぜられた。義政の周辺も「なべかむり日親」と呼ばれ庶民の熱狂的な信仰をうけているその現状を認めるよりほかなかったのであろう（『蔭涼軒日録』、『長禄寛正記』）。

一遍上人のはじめた時衆《じしゅう》教団の全盛期は南北朝時代までであったが、義政の時代にもまだ庶民を引きつける多くの要素をもっていた。そのころ京都では七条道場の金光寺《こんこうじ》、四条道場の金《こん》蓮寺《れんじ》や六条道場の歓喜光寺《かんぎこうじ》が時衆教団の中心であった。これらの道場では踊り念仏はもとよりのこと、連歌会や早歌《そうか》・立花などの催《もよお》しもあり、芸能の場としての親しみもたれていた。義政も寛正二年（一四六一）一一月七条道場に詣でており（『蔭涼軒日録』）、その後、文明一〇年（一四七八）にも同道場に夫人富子と子息義尚《よしひさ》を同伴して出かけ、踊り念仏を聴聞し、また十念称名を受けて結縁《けちえん》している（『親元日記』、『大乗院日記目録』）。この時代に連歌・猿楽・立

右側の僧体の者が同朋衆。(若宮八幡宮社蔵，京都市歴史資料館写真提供)

花・絵画・庭園造りなどの芸能で第一線に活躍したものに何阿弥という阿弥号をもつ時衆の徒が多かったし、ことに義政の近くに伺候《しこう》しその文化生活を援《たす》けた同朋衆《どうぼうしゅう》と呼ばれる阿弥衆たちも、時衆の結縁者であった。それゆえ、時衆の徒が当代文化に対する貢献は大きいが、このことは後にふれたい。当時の時衆教団が芸能方面だけでなくまだ信仰面でも庶民の間に生命を保っていたことは、先にも述べた寛正の大飢饉の際における七条道場の願阿弥の働きからも察することができる。

寛正の大飢饉には周辺諸国から京都への流亡民も多く、三年目にあたる寛正二年の初めには餓死者が京都だけで八万二千人に及び、食を求めて浮浪する乞食者《こつじきしゃ》がまだ数万人に及んだ。このような事態となっても幕府の組織的な対策は

「足利義持若宮八幡宮社参図絵巻」

いっこう見られなかったが、このとき大慈悲心を発して大規模な救済事業を行なったのが願阿弥である。かれは七条道場に身をおいていたが越中の人とも筑紫の人ともいわれ、出身地もさだかでない時衆の勧進聖《かんじんひじり》であった。しかし、かれはこれ以前にも四条橋や五条橋を勧進によって再興し、往来の人を助けたという実績をもっていた（『碧山日録』、『臥雲日件録』）。願阿弥はこの年の二月に六角堂の南に一〇二間の仮屋を建てて乞食者たちを収容し、大釜で雑炊《ぞうすい》をつくって施行し、その数は連日八千人に及んだといわれる。このたびの勧進は願阿弥方から幕府に願い出て許可されたのが実状のようであるが、また当時、次のような話が伝わっていた。義政はこの年正月一八日夜に亡父義教の夢をみた。束帯《そくたい》姿で枕頭に立った義教は、自分は存生のとき罪を犯すことが多かったので苦を受けているが、一方、善事も多くしているので重ねて将軍に生まれるべき者だ。ついては只今餓死しようとしている乞食者たちに施行《せぎょう》してその悲嘆を助けるべきだとはっきり告げた。夢から覚めた義政はこのことを願阿弥に仰せ付けたというのである。幕府はこのような事業を、庶民の信頼を

蓮如上人絵像
（一般財団法人本願寺文化興隆財団蔵）

真盛上人絵像
（西教寺蔵）

得ている時衆の徒に依頼しなければならなかったのである。義政もこの事業に毎日一五〇〇疋《ぴき》（一五貫文）を出費している（『経覚私要鈔』）。

このころは浄土教の諸派がひろく人々に迎えられた時期であった。本願寺門徒が庶民の間に急激に増大したのも長禄元年（一四五七）に蓮如《れんにょ》が法主《ほっす》を嗣《つ》いでからである。本願寺はこのころまだ比叡山の支配を受けていたが、自立をはかる急激な活動を忌まれて寛正六年（一四六五）には山徒の襲撃を受けて破壊された。ここを逃れた蓮如は近江国を経て文明《ぶんめい》三年（一四七一）には越前国におもむくが、その本拠を置いた吉崎には北陸一帯から蓮如自身さえ恐れをなすほど多数の信者がつめかけ、やがてこの地方一帯は一向一揆の最大の基盤となる。その後、蓮如は京都の東郊山科《やましな》に本願寺の再建をはじめ、文明一二年には親鸞の絵像を安置した御影堂《みかげどう》を完成した。それは急激に増加した諸国の門徒からの上納金によったもので壮麗をきわめ、このとき義政の夫人富子もこの堂を見るため山科に出向いている（貝塚願泉寺所蔵『蓮如自筆文』）。しかし義政に直接浄土教の精神を注ぎ込んだのは、応仁の乱後に京都を中心に貴賤上下の信仰を得て天台系統の独自の称名念仏をひろめた真盛上人である。

義政の一生は五山の禅僧に取り囲まれた生活であり、延徳《えんとく》二年（一四九〇）正月のその臨終の席においても同様であったが、そこにはほかに称名念仏する真盛がただ一人加わっていた。富子も延徳元年に義尚が病死した直後に真盛の談義を聴聞《ちょうもん》しており、また富子の側近に仕えた女中の大蔵卿局も真盛について剃髪《ていはつ》しており、真盛上人が晩年の義政やその親近者の信仰を得ていたことが知られる（『蔭凉軒日録』、『御湯殿上日記』）。真盛は、文明一七年に宮廷に召されてから天皇をはじめ公家たちの信仰を増したが、天性無欲のもので名利を求めず庶民の間からもひろく渇仰された。応仁の乱後、京都では禅宗寺院の再建が遅々としているのをよそに、浄土教系の真如堂真正極楽寺や誓願寺が庶民の寄進を得て、いち早く復興しているが、これにはともに真盛が関与しており、その背後で義政が檀那《だんな》として力となっていたという伝えもある。義政の東山山荘での生活にも浄土教の色彩が加わっており、これは東山文化の性格と関連するので後にもふれることにする（芳賀幸四郎「足利義政の宗教生活と世界観」『東山文化の研究』所収）。

❖伊勢参宮の盛行

先にもふれたように、東福寺の僧大極蔵主は長禄三年（一四五九）に義政の政治を批判して五つの難点を示したが、その第一にあげているのが、伊勢皇大廟（伊勢神宮）は開国の神、歴朝の祖であるからもっと敬仰されるべきであるのに、幕府は現在の社殿を朽《く》ちはてたまま放置している。これでは神のよるべきところがなく、その怒りがあるであろうというのであった（『碧山日録』）。この時期は伊勢神宮（内宮）が寛正三年（一四六二）の造営式年遷宮の直前で社殿の朽損《きゅうそん》が甚しかったし、歴代将軍のうち義満が一〇回余、義持が二〇回余、また義教も毎年のように伊勢参宮していたのに、義政はこのときまでまだ一度も参宮していなかったので敬信の不足が責められたのである。義政はこの後、文正《ぶんしょう》元年（一四六六）三月に富子を同伴して参宮をするが、それ一度きりであった（『蔭凉軒日録』）。

義政と伊勢神宮との関係が疎遠であったにもかかわらず、義政の時代は伊勢参宮が爆発的といってよいほど盛行した時期であった。参宮道者は武士階層から庶民層に及び、その地域は遠隔の諸国にまでひろがっていた。当時、参宮道者が増加していた様子は、伊勢国の海道に参宮人から関銭を徴収する目的で新しい関所が続出したので寛正四年（一四六三）に神宮神主から新関破却の申請が出されていることからも知られる（内宮引付）。参宮道者はこのような関所の乱立に悩まされたが、一方、優勢者の参宮に便乗して関税をまぬがれようとする知恵も働かせていた。長禄三年（一四五九）三月に大極蔵主ら東福寺の僧数名は、京都所司代京極持清の嫡男勝秀とその同族で将軍奉公衆の宇賀野高春（春公）一行一五騎が伊勢参宮するのに同行した。かれらが近江の勢多橋を通行したとき、庶民ら五千人が勝秀の一行に所属すると称して関税を払わずに通過している。この五千余人がみな参宮道者でなかったかもしれないが、当時庶民が多数参宮していたことが察せられる。遠隔地の村では村民全部が参宮するわけにはいかないので、費用を出しあって一人の代参者を決めるということも行なわれた。ところが備州（備前国か）のある村では、代参者に決まったものが参宮の費用を流用して牛を購入して田を耕作

伊勢両宮曼荼羅図（神宮徴古館蔵）

させたので神罰があたり、その一家族は死滅した。のこされた牛は一脚を打傷していたが、神託があって参宮したいといい出したため、その牛を車に乗せて沿道の村々が継送し、寛正三年（一四六二）八月にはその牛が京都にはいったので、沿路の人々が競ってこれを見物したということがあった（『碧山日録』）。ここにも庶民参宮熱の盛り上がりが認められる。

当時、参宮は厳粛な行事と考えられており、参宮道者は特別に準備された精進屋に籠って身を清めてから出発し、また参宮から帰ったときには、その所属する村人たちが郷村の少し手前の峠まで出迎えて、そこで坂迎えという神事を行ない、酒食をともにするのがならいとなっていた。これは参宮道者を送り出した郷村の人々全体が、参宮人と信仰を頒《わか》ちあう儀礼ができていたことを示すのであろう（『看聞御記』）。当時、伊勢信仰が拡大した理由としては、神宮（ことに外宮）に農業神の性格があったことにもよるのであろうが、それよりもこの時期の神宮は開国の神として認識され、その神威は他社と比較にならぬほどの強烈なものであったことが知られ、伊勢参宮の盛行は国民的な信仰運動と見られる面がある。しかし、このころには伊勢参宮のほか、熊野詣《もうで》・高野詣・西国観音三十三か所巡礼などの物詣も盛んであり、これが文化の伝播する役目を果たしていた。ことに東国や西国など遠方からの参宮道者はほとんどが途中京都や奈良を経由しており、中央文化がかれらによって地方に伝えられたことも多かったと考えられる。

たとえば、越後の守護上杉房定の被官人は文明一八年（一四八六）参宮の途中に京都に立ち寄っており、応仁二年（一四六八）に土佐国幡多荘《はたのしょう》（高知県中村市）に下向した一条兼良《かねら》の嫡男教房《のりふさ》は、当時、奈良に疎開していた兼良に対する音信をたびたび幡多荘からの参宮道者に託している。また寛正年中、東寺領備中国新見荘《にいみのしょう》（岡山県新見市）から京都に送られる為替《かわし》の割符《さいふ》や音信が、同荘からの参宮道者に預けられていることもあった（『蔭凉軒日録』、『大乗院寺社雑事記《だいじょういんじしゃぞうじき》』、『東寺百合文書』）。義政の時代は政治・社会面ではすでに分裂抗争がはじまり戦国割拠に入る直前の時期であったが、文化面では中央の文化的情報が地方にあまねく受容され、わが国の社会がそれによって全体として緊密なまとまりをもった時期であった。このような文化的統一の形成に伊勢参宮の盛行が果たした役割も大きかったであろう。

伊勢神宮の分霊社である神明社は神領が点在した東海・関東地方には早くから鎮座していたが、この時期には神領とは関係なく京都の内外に鎮座するようになった。すなわち姉小路（高松）神明・粟田口神明・高橋神明や東郊宇治の宇治神明などがそれである（萩原竜夫「伊勢信仰の発展と祭祀組織」『中世祭祀組織の研究』所収）。これらはおそらく伊勢参宮の盛行につれて、伊勢まで出かける余力のない京都の庶民層の要求をみたすために設けられたのであろう。すでに応仁の乱がはじまっていた応仁二年一一月に、当時神威があがっていた宇治神明社へ東軍所属の足軽三百余人が異様な風体で踏歌奔躍しながら参詣している。かれらは東山より西方の郷村の出身者であったらしく、帰途にはその親族のもの数百人が坂迎えに東山まで出向いている（『碧山日録』）。

II

応仁の乱

細川勝元と山名宗全

❖赤入道宗全

山名持豊が嘉吉の変で赤松氏の遺領を加えて勢力を増大したことは先に述べたが、かれは宝徳二年（一四五〇）四七歳のとき京都の南禅寺に塔頭《たっちゅう》真乗院を、父時熈の帰依僧月菴宗光の高弟にあたる香林宗簡を開山として創建している。かれは、このとき義政の執奏《しっそう》を経て後花園天皇から、この塔頭において「万国不乱に帰し、政化四海一治を致すべきこと」を懇祈すべしという綸旨《りんし》を得ている（『真乗院文書』）。この年、持豊は家督を嫡子《ちゃくし》教豊に譲り、剃髪して宗峰と称し、やがて宗全と改める。ここに山名金吾入道宗全としてのかれの後半生がはじまるのである。金吾とは衛門府の唐名で、かれの官職名が右衛門督であったからこのように称されたのである。法体の宗全となってからも、かれの権勢欲は募るいっぽうであって、「不乱に帰し」という綸旨とはうらはらに遠慮のないその行動は、かれに大乱の張本人としての役割を担わせることになる。

当時の禅僧中でも特異な存在であった一休宗純に、山名宗全の人物を諷刺した「山名金吾は鞍馬の毘沙門の化身」と題した次のような詩がある。

鞍馬ノ多門ハ赤面顔
利生接シテレ物ニ現ズ二人間ニ一
開カバ二方面門ヲ一真実相
業ハ属シ二修羅ニ一名ハ属スレ山ニ

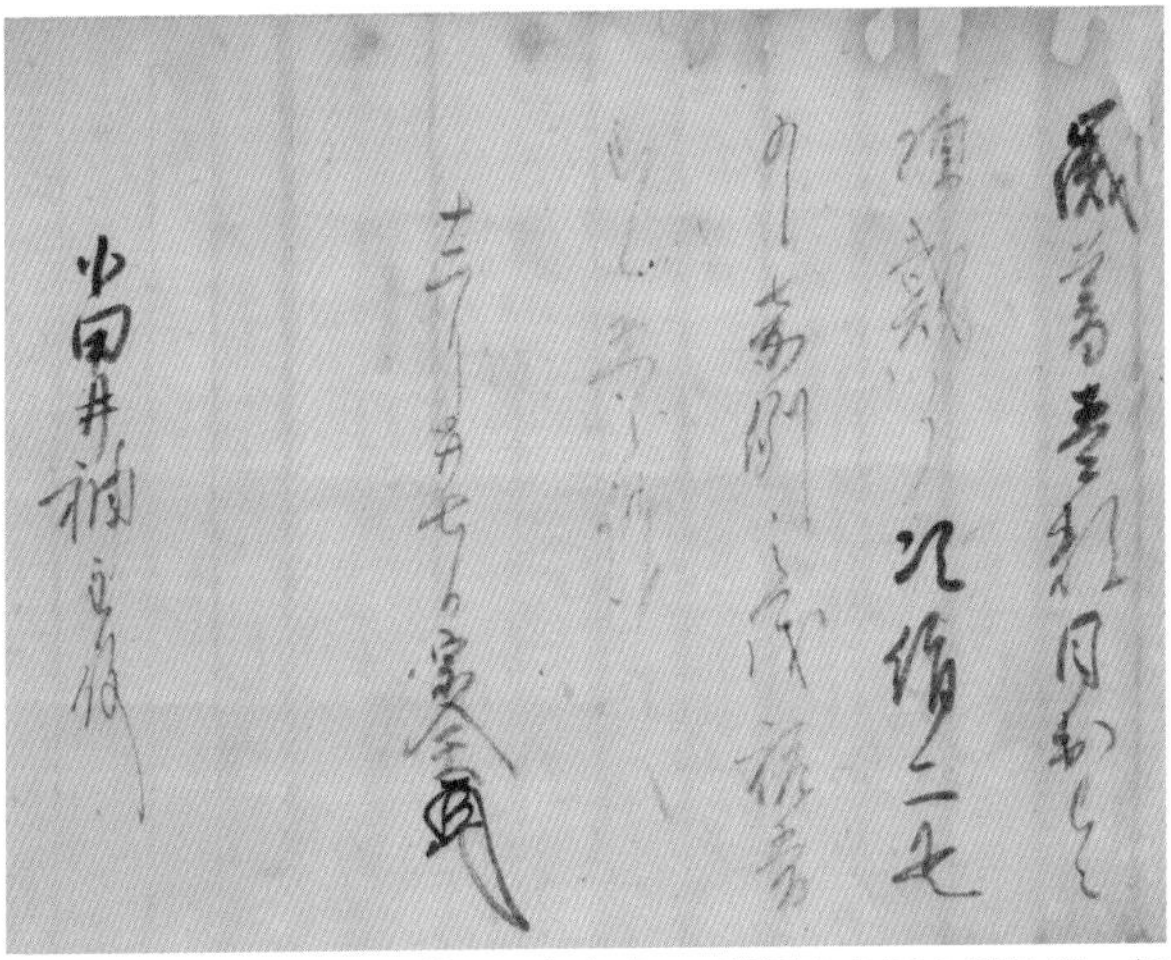

山名宗全書状（「大石家文書」，豊岡市立歴史博物館―但馬国府・国分寺館―蔵）

宗全は京都の人々の信仰を集めている鞍馬寺の毘沙門天（多聞天）の生まれかわりであるから、本来の性格がその人間にもよく現われており、顔色は甚だ赤く、戦いを好むのももっともだというのである。これはすでに応仁の乱がはじまってからの作かもしれないが、多血質の赤ら顔で純情ではあるが激しやすく自信満々で、当時世間で「赤入道」と呼ばれていたかれの人間性をよく指摘しているように思われる（『狂雲集』）。

宗全は嫡男《ちゃくなん》ではなかったが、兄の持熈《もちひろ》が義教の譴責をうけて廃嫡されたため、永享三年（一四三一）に山名氏の惣領となって幕府重臣の一人となった。義教の死後、かれの傍若無人ぶりはいよいよ発揮され、赤松満祐の追討に出発する直前にも管領細川持之の命令に従わないことが多く、かれの部下が洛中の土倉に押入り質草を強奪するような乱暴狼藉《ろうぜき》をはたらいてもいっこう取り締まらないありさまで、公家の一人は「近日の無道《むどう》濫吹《らんすい》は、ただ山名にあるなり」と評している（『建内記』）。嘉吉の変後のかれの傲慢ぶりは甚しいものがあり、嘉吉三年（一四四三）のこと、伏見宮貞成親王が使者を山名邸に遣わすと、いつも主人は留守だといって挨拶に出ない。伏見宮は後花園天皇の父でありその使者も堂々たる朝臣であったが、この宗全の不遜な態度に貞成親王は憤然として、その日記にまた山名の「例の留守」と書いている（『看聞御記』）。戦国時代になってから書かれた『塵塚物語』という書物に、宗全が儀式典礼に精通したある大臣家の公家を訪れたとき、朝廷の先例をあれこれと賢者顔に並べ立てるのを聞かされて、宗全は「そんな先例など実力だけがものをいう今の世には通用しない、その時その時の時勢こそたいせつなのだ」と臆することなくやり返したということが記されている。これは、すでに実力を失っていた公家に対する宗全の容赦のない態度をよくあらわしている。

宗全は義政の命令に従順でなかったこともしばしばで、義政の追討を受けたこともあったが、それは後にふれるように、かれの既得権益が犯されそうになったためであり、そのときもかれは義政個人に反抗する意図はなく、義政をそそのかすその側近の人々に反撃を加えようとしたのである。かれは義政個人に対しては純情なほどの忠節の態度を終始示している。新造の室町殿に義政が大泉水を築いていた寛正元年（一四六〇）三月には、かれは率先して泉水の大石運搬を奉仕している。また、寛正二年に細川勝元を通して義政に山名邸を訪れてくれるよう申し出てから、応仁の乱がおこる数年間に義政はたびたび山名邸を訪れており、宗全は義政のために邸の建物をきれいにし、部屋の装飾も立派にしてその歓待につとめている。寛正五年四月の糺河原《ただすがわら》の勧進猿楽興行は先にも述べたように義政前半生における最も晴れがましい催しの一つで、門跡や諸大名のほか庶民も多数が見物している。同年四月八日の第二回目の興行では、猿楽が終わっても義政の帰還が遅れたため見物人は座席を立つことができなかった。宗全はこのとき、田楽師永阿弥に大声で見物人に笠を脱ぐよう命じさせた。それで見物人はいっせいに笠を脱ぎ、義政が帰り去るまで一人も席を立たなかった。このようすを蔭凉軒主季瓊《きけい》は見物の群集が義政の威勢に服したものとして感激しているが、そこにはまた、あけっぴろげて義政にもねっている宗全の姿が見られる（『蔭凉軒日録』）。

宗全と勝元は、応仁の乱では東西の総大将となって対抗するが、両人の年齢の差は二六歳と親子ほども違っており、事実、宗全の娘は勝元の夫人となっていて勝元は宗全の婿であった。この婚姻はおそらく政略結婚で、勝元の父持之がまだ壮年の身で嘉吉二年（一四四二）に死去してからまもなく取り結ばれたものとみられる。先述のように、当時中央政界に返り咲き、管領となった畠山持国は味方を募って勢力を強めており、まだ一四歳の惣領勝元を擁する細川氏一族がこれに対抗するのは容易でなかった。そのため、飛ぶ鳥を落とすような勢いをもってきた宗全の娘を勝元にめあわせて同盟関係を結び、それによって畠山氏に対抗しようとしたのである。やがて勝元が一六歳の若さで管領の職につけたのも、宗全の後押しがあったためと思われる。細川・山名両氏は、この後同盟して畠山氏に対抗し、ついに持国をあわれな末路に追い込むことに成功する。しかし共通の政敵畠山氏が勢力を失墜したあとは、残った細川・山名両勢力の対立がはじまるのは当然であった。

❖赤松家の再興

細川・山名両氏の抗争は、赤松氏の再興運動をめぐって表面化することとなった。赤松氏の惣領家は滅んでも、その庶流のなかにはなお将軍の側近に仕えているものがおり、また赤松氏の被官人で知行地を離れた赤松牢人《ろうにん》のなかには、京都に集まり、つてを求めて主家の再興運動に従うものもあった。また細川氏一族のなかにも阿波国守護の持常・成之《しげゆき》父子のように、山名氏の横暴を赤松家の再興によって牽制しようと考えるものもあり、義政はこれらに動かされて赤松氏に同情するようになっていた。

赤松氏は文安二年（一四四五）にすでに、庶流の赤松大河内満政が満祐の甥則尚とともに播磨で兵を挙げて、山名氏に敗れている。満政は将軍の近習衆であったから、おそらくその背後に幕府の意図がはたらいていたに違いない。その後、享徳三年（一四五四）に則尚は義政から召し出され、播磨・摂津などで所領が与えられることになった。これは細川成之が取り成したためである。宗全は憤慨して「将軍が親の敵《かたき》の赤松を取り立てるとはなにごとか」と恨みごとをいった。成之らはこのことをまたしきりに義政に告げ口したので、義政も大いに怒って、同年一一月二日の夜を期して宗全を討ち果たすため軍勢を山名邸に押し寄せさせようとした。ここに至って勝元はさすがに岳父《がくふ》の宗全を見殺しにできず、その夜にわかに逐電して東山の五大堂に籠ってしまい、追討軍に加わるはずのかれの輩下の軍勢もそのあとを追ったため、このときの追討は沙汰やみとなってしまった。しかし、宗全は領国の但馬《たじま》に退去し隠居するよう命ぜられた。翌康正《こうしょう》元年、赤松則尚らは宗全が但馬に引退した隙を突いて播磨に侵入し、国人たちを味方にして宗全の嫡孫政豊の拠城を攻めたてた。この報《しら》せを受けた宗全は義政の命に従っておれず、みずから大軍を率いて播磨に進入して赤松軍を追い討ちし、則尚は備前の鹿久居《かくい》島に逃れてついに自害している（『嘉吉記』）。

前二回の赤松家再興運動は不成功に終わったが、長禄二年（一四五八）一一月には赤松家の再興がやっと実現する。満祐の弟で嘉吉の変に満祐とともに自害している義雅の孫次郎法師丸が赤松氏の家督に取り立てられ、当時闕国《けっこく》であった加賀国半国の守護職につけられ、また備前新田荘をはじめ出雲・伊勢でも所領が与えられた。かれは当時五歳であったが、その後寛正六年（一四六五）に元服して政則と称す。赤松家再興が成就したのは赤松牢人たちの涙ぐましい努力と、義政周辺に赤松氏の同情者が多くなったことによるが、ことにこのたびは管領細川勝元がはっきりとこれを支持する態度をとったことが大きな力となっている。

赤松家再興が許可されるきっかけとなったのは、赤松牢人たちが去る嘉吉三年（一四四三）に南朝の遺臣らによって、宮中から奪い去られていた三種神器のうちの神璽《しんじ》を奪還することに成功したことである。主家の再興を願って京都に集まる赤松牢人が多かったが、なかでも石見太郎左衛門尉は身につけた文化教養をもとでに、遊客として公家や幕府上層部の人々の邸に出入りし、歌壇の雄飛鳥井《あすかい》雅親《まさちか》や将軍奉公衆の宇賀野高春（春公）らとも親交を結んでいた。ことに赤松氏の姻戚であった内大臣三条実量《さねかず》を通じて、義政から神璽の奪還を条件に赤松家再興の約束をとりつけた。神璽は吉野山中に持ち去られており、当時吉野川上流の川上と伯母が峰峠を隔てた南方の北山に、それぞれ南朝方の一宮・二宮がいて神璽を奉じ、郷民の協力を得て熊野地方とも連絡をとり、南朝復興の運動を続けていた。神璽奪還の密命を帯びて康正二年（一四五五）に吉野に入った間島・上月らの赤松牢人は、翌長禄元年一二月に両宮を殺害し神璽を奪う。神璽は一時郷民に取られるが、ふたたび赤松牢人らの努力で長禄二年八月ついに皇居に帰っている（『上月記』、『嘉吉記』）。

政則（次郎法師丸）は長禄三年五月、義政に対し正式の対面が許される。蔭凉軒主季瓊《きけい》は赤松氏の被官上月氏の出であったから、政則を義政に取りもつことに心をくだいている。また勝元も政則に対し、このたびの恩賞にたとえ反対するものがあっても細川氏は変わることなく赤松氏を支持する旨の書状を与えている（『蔭凉軒日録』）。宗全は長禄二年八月には義政から赦免されて京都に帰り幕政に参与できるようになっていたが、先の退隠中に将軍の譴責《けんせき》を受ける身のいかに不利であるかを痛感していたかれは、このたびの赤松家の再興には表面では反対せず、かえって義政個人に対してはしきりに接近しようとつとめ、露骨なおもねりまで見せていることは先に述べた。しかし、宗全は義政周辺のものたちの赤松びいきには憤慨し、裏面ではなにかと妨害の手を打っている。新所領新田荘を同国守護の山名教之《やまなのりゆき》が容易に赤松氏に渡さなかったことや、守護の実務を行なうため加賀国に入部した赤松氏の家臣に対し、旧守護富樫成春の被官たちが反抗して合戦に及んだことなどは、いずれも宗全のさしがねであったと思われる。先に赤松家復興のきっかけをつくった石見太郎左衛門尉は、長禄三年一一月二四日の夜、飛鳥井家の宴席に招かれての帰途、十数人の剣客に襲われて刺殺されるが、当時世間ではこれも石見の所為を憎んで宗全が命じたものだとみていた。この後、赤松氏が細川氏の味方となり山名氏と対抗するのも当然であった。

足利義尚木像（等持院蔵）

❖義視と義尚

　義政は男子がなかったので、寛正五年（一四六四）一二月に、弟義尋《ぎじん》を還俗させて義視と名のらせて養嗣子《しし》とし、将軍の跡を継がせることを約束し、細川勝元をその後見人とした。ところが、それから一年もたたない翌寛正六年一一月に、夫人富子とのあいだに嫡男《ちゃくなん》義尚《よしひさ》が生まれた。わが子に将軍になれる道を開いてやりたいと願う富子は、やがて勝元に対抗できる唯一の権勢者山名宗全に義尚のことを依頼するようになる。こうして勝元・宗全の対立は将軍家の後嗣問題もからんでいっそう激化するようになる。

　義視は義政と三つ違いの弟で、母は日野家の出身でなく、生まれおちると仏門に送られ、当時は東山にあった天台宗浄土寺の新門主となっていた。かれは義政から後継者にとのぞまれたとき、これまで足利将軍の在俗の兄弟の多くが政争に巻き込まれ悲惨な最期を遂げた先例を想ったためであろう、これを堅くことわった。しかし、今より後にもし男子が誕生しても繦褓《むつき》のうちから僧侶となし、家督を変更することなどは神仏に誓っても行なわないという義政からの誓書と、勝元を証人に立ててのたっての要望に動かされて、かれはついに仏門を去る決意をした。義視は寛正五年一一月二五日浄土寺から勝元邸に移り、翌朝その邸と決められた今出川の三条殿に入った。これからかれは今出川殿と呼ばれている。この後、義政の母重子の旧邸高倉殿に移っている。かれは同年一二月二日に義政に面謁し従五位下左馬頭義視となるのである（『応仁記』、『蔭凉軒日録』）。

このとき義政は二九歳の壮年の身であり、夫人の富子もまだ二五歳で先に死産した男児についで女児も生んでおり、将来男児の出生が期待できないわけではなかった。ことに富子の兄権大納言日野勝光は権勢家で幕政に関与し、賄賂などによって巨福を積み、応仁の乱の直前には日野家の家格を超えて同家としては先例のない内大臣になっており、その押しの一手の強引なやり方のため「近来有徳無双《うとくむそう》の仁なり、大福長者のごとし、天下の衆人押大臣《おしのおとど》と号す」と批評されていた人物である（『大乗院日記目録』）。また富子も従一位の将軍夫人として後年の女傑ぶりをようやく発揮しかけていた時期であったから、義政が日野家の出でない二六歳の義視を後継者として突然連れ出してきたことには大きな無理があった。

では、なぜ義政はこのような無理をしようとしたのであろうか。かれは義視を養嗣子に決め

日野勝光絵像
（知恩寺蔵，京都国立博物館写真提供）

た寛正五年一一月には左大臣近衛大将を返上し准三后に転じており、また先述したように、その翌年の一〇月から東山の恵雲院の地を隠居所と定め山荘造営の作業を進めており、かれに隠居生活をはじめる意志のあったことは確かである。しかし、応仁の乱以前の義政が政治への関心をすっかり失っていたとはみられず、また栄華を断ち切り閑寂の生活のみに逃避しようと願っていたとは思われない。先にも述べたように東山の花頂山で盛大な花見の宴《うたげ》を催したのは義視を後継と決めた三か月後であり、この年の秋には豪奢を極めた奈良遊覧も行なっている。義政が願ったのは眼前の政争から自由な身となって、祖父義満をまねて風流な生活を楽しみながらも権勢を保った隠居政治を行なうことであったと思われる。ただ日野家と縁のない義視を引き出したことについては、義政に幕政にうるさく干渉してくる勝光・富子兄妹をこれによって牽制しようとする気持ちがあり、その気持ちを察した勝元らの反日野派の人々がことを強引に押し進めた形跡がうかがわれる。

義視は寛正六年二月御判始《ごはんはじめ》を行ない、また御弓・御馬を初めて試みる儀式も行なって次期将軍としての準備をはじめた。かれは純粋な気持ちで時局を憂うる人物であったが、その周辺が側近者によって固められると、そこには新しい権力者が出現した。このようなとき富子の懐妊が伝えられ、同年八月にはその着帯の祝が行なわれ日野家側では男子待望の声が高まった。義視側はあせったが義政はいっこうに将軍の座を譲ろうとしない。しかし、ついに同年一一月二〇日室町御所の寝殿で義視の元服式が厳粛に故実にのっとって行なわれた。ところがわずか三日後の二三日に富子は産所の細川常有邸において男子を出産した。これが義尚である。このことを蔭涼軒主季瓊は「万人歓呼《かんこ》、もっとも天下太平の基なり」と記しているが、太平どころかこれが大乱の直接原因となるのである。

義視はその後、従二位権大納言に進み将軍への準備はいっそう進んだが、義政は富子に男子が生まれてみるとその方に心がひかれるのをどうしようもなかった。かれは産所を再三訪れただけでなく、義尚が養育を受けるため伊勢貞親邸に引き取られてからも、夫婦そろって義尚の顔を見るため貞親邸におもむくことが多くなった。文正元年（一四六六）九月には義政は伊勢貞親の讒言《ざんげん》を信じたためとはいえ、先に懇請して養嗣子とした義視を捕らえて殺そうとするまでになっていた。このことは斯波氏の内紛と関係しており、その内紛は貞親の身勝手な策動によるところが大きい。

貞親は先にも述べたように、斯波氏の重臣たちが主君義敏を追放して義廉《よしかど》を当主に迎えたときにも協力したが、寛正六年には逆に義敏に味方してかれを配所の周防から呼びもどし、義廉にかえてかれをふたたび当主につけようと義政に働きかけた。しかし、宗全は義廉を味方とするために娘をかれと縁組させることを約束していたので強く義廉を庇護し、一戦をも覚悟して京都に兵を集めた。ところが義政の信任のあついことを自負した貞親は、この際自邸で養育している義尚のために義視を陥れることも考え、宗全・義廉らが京都に兵を集めているのは義視がかれらに一味して反乱をおこそうとしているからだと讒言した。

義政が自分を殺そうとしていることを知った義視は文正元年九月六日急いで山名宗全邸に馳《は》せ入り、ついで細川勝元邸にかくまわれた。勝元は義視を庇護し、このたびだけは山名方と協調した。そこで山名宗全は諸大名とともに義政に対し、その許しを得て君側の奸《かん》である貞親やその同類の蔭凉軒主季瓊らを除くため討手を向けたいと申し出た。この勢いにおそれをなした貞親・季瓊らは近江国に逃走し、斯波義敏も越前国に逃れた。また赤松政則もこの際山名方の襲撃を避けて姿をかくした。これは宗全の実力行使の勝利であったが、また日野勝光ら義政の側近者も、貞親の不実があまりにもはっきりしていたため、かれを擁護できなかったのであろう。義政は義廉の家督を再確認するとともに勝光を細川邸に遣わして義視を今出川の邸に帰らせ、貞親のあとはその嫡子貞宗を召し出して家を継がせた（『後法興院政家記』、『文正記』、『応仁記』）。貞宗は穏健な立場をとり、このころ将軍の側近にあって勢力をもってきた奉公衆と協力して、幕府が諸大名の紛争に巻き込まれない中立政策を推進するようになる。

武力を背景に貞親らの追い落としに成功した宗全は心がおごり、部下の軍勢が貞親の被官となっていた京都の土倉に押し入り質草を取り出すことなども黙認している（『経覚私要鈔』）。貞親追い落としのために一時協調した勝元も、貞親という共通の敵がなくなると宗全との対立はたちまち復活しており、越前に逃れた斯波義敏にも救いの手をのべ味方につなぎとめることを忘れてはいなかった。勝元には長く男子がなかったので宗全の末子豊久を養子としていたが、このころはじめて嫡男政元が誕生すると豊久を廃嫡して寺へ入れてしまった。実父の宗全は怒って直ちに豊久を寺から引き取って還俗させている。このことも両者の感情をいっそう悪化させた。さらに両者の対立が決定的となったのは、宗全が長年抗争が続いている畠山氏両党の一方の主義就《よしなり》を味方に引き入れたため、両者の対立と畠山両党の抗争が結びついてしまったためである。

❖畠山氏両党の抗争

文正元年（一四六六）一二月二五日、義政からの赦免が得られたとの通知を受けた畠山義就は、苦労をともにした部下五千余人を引率して、河内国から堂々と上洛した。これは山名宗全がかれを味方に引き入れるため、富子や日野勝光を動かして赦免をとりつけたのであった。義就は寛正元年（一四六〇）以来六年余にわたって幕府の追討を受けており、ことに南河内の嶽《だけ》山《やま》に三年間も籠城《ろうじょう》して攻囲した幕府の大軍を悩ませたのであったが、その歴戦の主従たちの姿を一目見ようとこの日は京都の人々は沸き立ったのであった。

義政時代の初めには細川・畠山両氏が同じ管領家として激しく拮抗《きっこう》しあったことは先に述べた。畠山持国は庶出の実子義就に家督を譲ったが重臣たちが反対し、甥の政長を当主につけようとしたので、細川氏は畠山氏の内紛を助長する目的でこれを援助した。また勝元が宗全の娘をめとったのも山名氏の助力を得るためであった。時の管領として義政を将軍に擁立した功を負った持国が、康正元年（一四五五）に失意のうちに没したのも細川氏の攻勢に破れたためであった。

幕府は持国の死去以前に政長を家督と定め持国にこれを承認させたが、持国の死去の後には逃亡していた義就も赦免した。しかし義就が出仕すると、今度は政長が出奔し、これを義就が討伐したこともあったが、幕府は両者に和解を強いてともに在京させた。ところが寛正元年九月に義政は義就から京都の邸宅を没収し、かれをその分国に追放した。追放の理由は義就の粗野な行為が義政の気にさわったためとか、かれが南朝の余党を多く召しかかえた咎《とが》を受けたとかいろいろ推察されるが、その真相はわからない。

義就には京都を逃れて後も河内・紀伊・大和の在地武士で味方するものが多く、なかでも誉《こん》田《だ》・須屋・甲斐庄など楠木党と呼ばれる河内の楠木氏の余党が被官となっており、また南朝と関係の深かった南大和の越智氏も一味であり、その勢力は幕命を受けて追討に向かった政長軍よりはるかに強大であった。しかし勢いに乗って大和国まで出撃させた主力部隊が全滅したため、かれは河内の本拠若江城をすてて、南方山間部の嶽山城《だけやまじょう》に拠《よ》らねばならなかった（『長禄寛正記』）。

嶽山城は河内国の石川の谷をさかのぼった山間部にあって、金胎城《こんたいじょう》をはじめ各所に外城を構えた要害で、この一帯はかつて楠木氏が拠ったところである。嶽山城の義就勢は意気が盛んで、かつての楠木正成をおもわせるような戦法で攻撃軍を悩ませた。それでとうてい政長軍だけの手には負えなかったので、義政は寛正三年にはいると細川成之を大将とし、細川一族のほか山名・武田・北畠などの諸大名や安芸《あき》の小早川氏にまで参戦を命じた。とくに山名氏からは宗全の次男是豊が領国備後の優勢な部隊を率いてこの山城に攻め上ったが、義就方も奮闘して攻め下り激戦を繰り返した。この合戦の報告を受けた宗全は涙を流さんばかりに義就の武勇を賞賛し、これがもとで後日かれが義就を味方に引き入れる動機となったという（『応仁記』）。

嶽山城の攻防戦は天下の注目を集めていたので、寛正四年四月一六日に嶽山没落のしらせが京都に達すると義政の周辺には祝賀の気分がみなぎっている（『蔭凉軒日録』）。嶽山を没落した義就は一時高野山に逃れ、さらに吉野山の奥の北山谷に身をかくした。ところが中央で伊勢貞親の追い落としが行なわれる直前の文正元年（一四六六）八月末には義就は南大和の越智氏のもとに現われ、ついで九月に入ると壺坂を発ち、千早城の間を通って金胎城に着き、さらに河内国中部の竹形城に進出した。牢人していた旧臣たちも馳《は》せ集まり、たちまち河内・紀伊・大和に及ぶ大勢力となった（『経覚私要鈔』）。しかし、このように義就の威勢があがったのは、背後でかれと宗全との連絡がすでについていたためであろう。宗全は姉の尼僧安清院を日野富子のもとに日参させて義就の赦免を取りはからうよう願い、もしかれを京都に召しあげたならば、若君義尚の遠き守護にもなるであろうといったという（『応仁記』）。日野勝光・富子の兄妹が義尚の庇護を求めて宗全に急速に接近したのは、義尚の支持者であった伊勢貞親没落後のこの時期であったとみられる。こうして富子らは義政を動かし、先に述べたように同年一二月の義就軍勢の京都進出が行なわれたのである。

畠山政長は先に義就が嶽山城から没落すると京都に凱戦し、寛正五年九月から勝元にかわって管領となっており、勝元の支援によったとはいえ中央政界の花形となっていた。ところが文正元年末の義就軍の上洛は政長に不安を与え、かれは自邸に高櫓《こうろ》を築き、堀をめぐらして防備を固めた。しかし、勝元・政長らはまだ宗全が富子と結託して、秘密の計略を進めていることを知らなかったようである。あくれば文正二年、この年は三月に改元して応仁元年となる。その正月一日には恒例によって管領政長が将軍義政に垸飯《おうばん》を献ずる儀式が無事行なわれた。ところが翌二日には義政を政長邸に迎えることになっており、政長方ではその用意をしていたのに突然このことが取りやめとなり、かえって義就が将軍御所に招かれ義政に初対面が許されている(『斎藤親基日記』)。

ついで同年正月五日、義就は宗全の邸を借りうけここで義政を饗応する。この席で政長の現在の万里小路邸がもとは義就のものであるから返却してほしいという願い出があったためであろう翌六日には、さっそく義政から政長に対してその邸を明け渡すようにとの命令が出された。しかし政長は勝元と相談してこの命を拒んでいる。同八日には政長は管領をやめさせられ、かわって山名方の斯波義廉がこれに補せられ、ことは山名方の計画通りに進んでいった(『大乗院寺社雑事記』)。たまりかねた細川方は同月一五日の夜、勝元はじめ細川成之・京極持清・赤松政則らが、いっしょに室町御所に押し入った。そして義政に直接義就の罪を訴え、かれを退治するよう嘆願することを取りきめた。ところが、この情報が富子からさっそく山名方に知らされたため、御所の門は閉ざされてことはさえぎられてしまい、この時も細川方はまったく山名方に先んじられてしまった(『経覚私要鈔』)。このころの落書の一つは「春クレバ又ウチカヘス畠山ナヲイサカヒノ種ヲマクラン」といっているが(『応仁記』)、確かにこの年も早くから続いている畠山氏両党の争いの蒸し返しからはじまっている。しかし、これは諸大名の細川・山名両党に分かれての争いに拍車をかけたのであって、やがて大乱を誘発するのである。

猛将と足軽

❖大乱の勃発

応仁元年（一四六七）正月一七日の払暁《ふつぎょう》に畠山政長は、その自邸や被官たちの家々に放火し、軍勢を率いて賀茂河原を北上し、上御霊社《かみごりょうしゃ》の林に立てこもった。このことを知った京都の人々はいよいよ天下の大乱が勃発する予感に胸をうたれたのである。この年に入ってからの京都の雰囲気はそれほど緊張していた。先に述べたように山名方の計画は着々と進められており、室町御所もその勢力圏に入れてしまった。山名方の驍将《ぎょうしょう》朝倉孝景（敏景）などは早くも戦闘の用意をし、近衛政家邸内の経蔵をとりまく神聖な樹木まで防禦用の逆茂木《さかもぎ》に徴発しているありさまであった（『後法興院政家記』）。おくれをとった細川方もこの月の一五日にようやく結束して義政に畠山義就討伐のことを直訴しようとしたが果たせなかったことは先述した。政長が上述のような挙に出たのは、山名方からの襲撃を覚悟したかれが防禦のむずかしい自邸を打ち捨て

上御霊神社（山下暢之撮影）

て細川邸と目と鼻の先の上御霊社の林に拠って、細川勝元の決起をも促そうとしたのであった。

上御霊社は現在も相国寺のすぐ北隣に鎮座しており、当時は細川邸がその西側にあった。早良《さわら》親王など政治的に不遇な末路を遂げた人々の怨霊を祀《まつ》ったこの社の境内が、応仁の乱の火ぶたが切られる場所に選ばれたのもなにかの因縁がありそうである。その社殿は昭和四三年（一九六八）にも失火で焼失して新たに再建されたもので、境内もかつての御霊の林の面影をしのびにくくなっている。政長が御霊林に立てこもった翌日の正月一八日は雪霰《せっせん》が飛散し風が強く吹いたが、山名・細川両党の戦端が今にも開かれそうな熱気が立ちこめており、この日天皇・上皇も難を室町殿に避けている。同日申刻《さるのこく》（午後四時ころ）からついに、畠山義就軍と朝倉孝景など山名方の一部の援軍が政長軍への攻撃を開始した。政長はしきりに勝元の決起を促した。しかしこのとき、義政から諸大名は両畠山氏の抗争に絶対に味方してはならないという強い命令を受けていた。これはおそらく義政の真実の声であったと思われる。勝元はこのとき隠忍して兵を動かさなかったが、これはかれが立ちおくれたため味方の兵力が不足していたこともあったが、また、義政の命にそむいて逆臣の汚名を着せられる不利を思ったために違いない。したがって宗全の方もついに主力を動かさなかった。

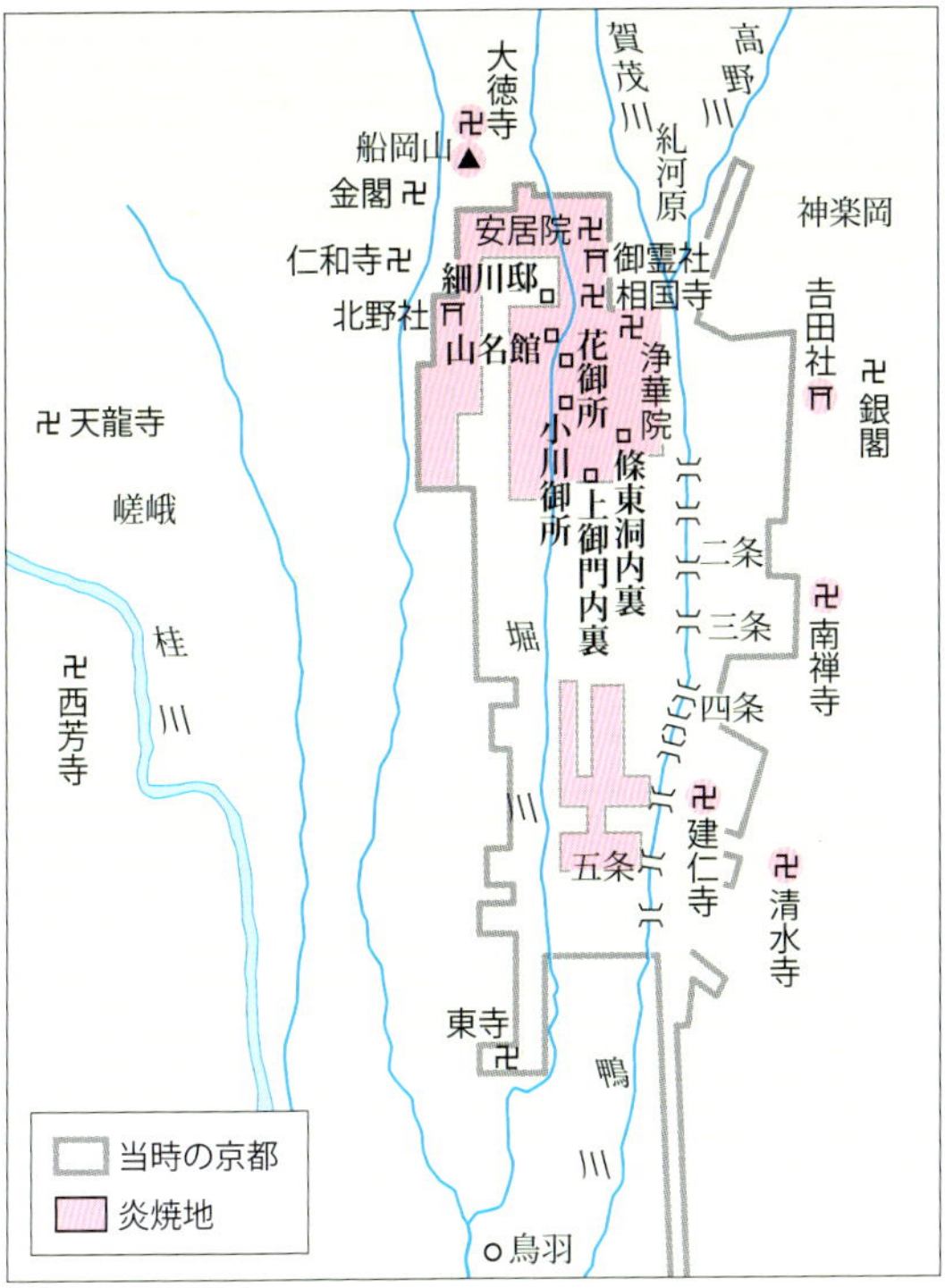

応仁の乱焼亡図

このとき室町殿は山名方の勢力圏に入れられてしまい、山名方の諸大名が殿内に自由に出入りすることを拒否できなかった。しかし、このころ将軍の側にあって、独自の勢力をもってきていた奉公衆がだまっていたわけではなく、義政を擁して絶対中立の立場を守ろうとつとめていた。奉公衆中の第五番衆の番頭であった大館持房はすでに七〇歳に近い老体であったが、かれは第五番衆の八十余騎と士卒数千人を率いて、厳正中

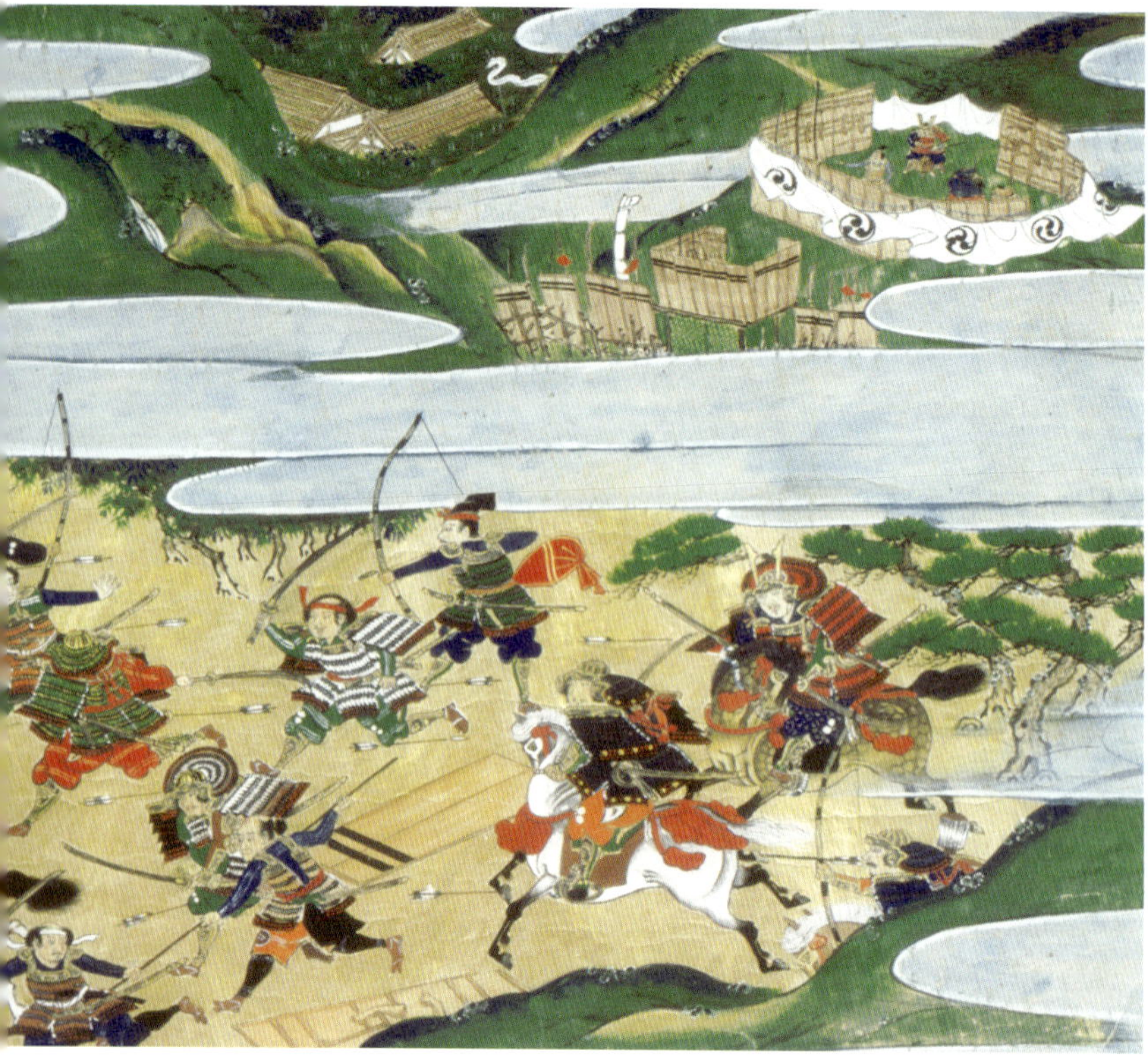

立を示すために自分だけは甲冑を帯せず、平常の衣裳を着て大床にどっかと腰を据えて将軍を守った。そして山名方の朝倉孝景から、室町殿の西門前にある一色義直の邸を細川方から放火される前に、防禦上の必要から毀《こぼ》ちたいという申し出を、断然拒否している（『大舘持房行状』）。

たびたびの援軍の催促にもかかわらず、勝元に決起の覚悟がないことを悟った政長は、上御霊社の社殿に火をかけ、多数の犠牲者を出しながらも本隊はその夜の闇にまぎれて四散してしまった。

このときの騒乱は表面では一応

応仁の乱での激戦の図（「真如堂縁起」，真正極楽寺蔵）

これだけでおさまった。天皇・上皇も還幸し、幕府の恒例の行事も進められた。細川勝元・京極持清らは、世間の人々から政長に援助を約束しながらその場に臨んでかれを見棄てるとは、まったく弓矢の道に違反するものだという非難にたえながらも、ふたたび幕府に出仕するようになった（『大乗院寺社雑事記』）。しかし、細川・山名両党の抗争がこれでおさまったと思うものはだれもなく、両党はいよいよ結束を固め、ことに細川方は雪辱を期して大規模な動員を進めていた。応仁の大乱は実際に御霊林の一戦にはじまったのである。

この年の三月五日には、去年から今年にかけて兵乱が止まないのでこれを避けたいという希望をこめて、年号が文正から応仁と改められた。しかしこれより二日前の上巳《じょうし》の節句に、細川党の諸大名は幕府への恒例の参賀に一人も出仕せず、軍事を議しており、戦機はいよいよ熟していた。義政は義視を勝元と宗全の邸に出向かせて挙兵を中止するよう説得に当たらせ、また、富子から宗全らをなだめさせたが、すでになんらの効果も期待できなくなっていた。山名方は正月の御霊林での戦勝に気をゆるし、在京の軍勢を多く帰国させていたが、五月に入ると細川方が山名方諸大名の分国に兵を入れて攪乱戦術に出たため、兵力を京都に集結するのが立ちおくれてしまった。それでも両軍とも京都に続々とのぼってそれぞれの陣地の構築を急速に進めていた。

細川方は一月の御霊林の戦いの際には、室町殿を占拠した山名方のために義政から隔離されて動きがとれなかった失敗にこりて、慎重に細川邸から室町殿を包み込む形で京都の東北部一帯に陣地を築いていた。ただ室町殿の西門前にある山名方の一色義直邸が邪魔であったが、同年五月二四日細川方の猛将成身院光宣《じょうしんいんこうせん》が一色邸の西側にある幕府直属の土倉正実坊を攻め取った。ついで細川方の総攻撃は同月二六日の払暁、細川成之・武田信賢《のぶかた》らの部隊の一色邸に対する攻撃からはじまった。こんどは逆に立ちおくれた山名方も五月二〇日には斯波義廉邸に会議

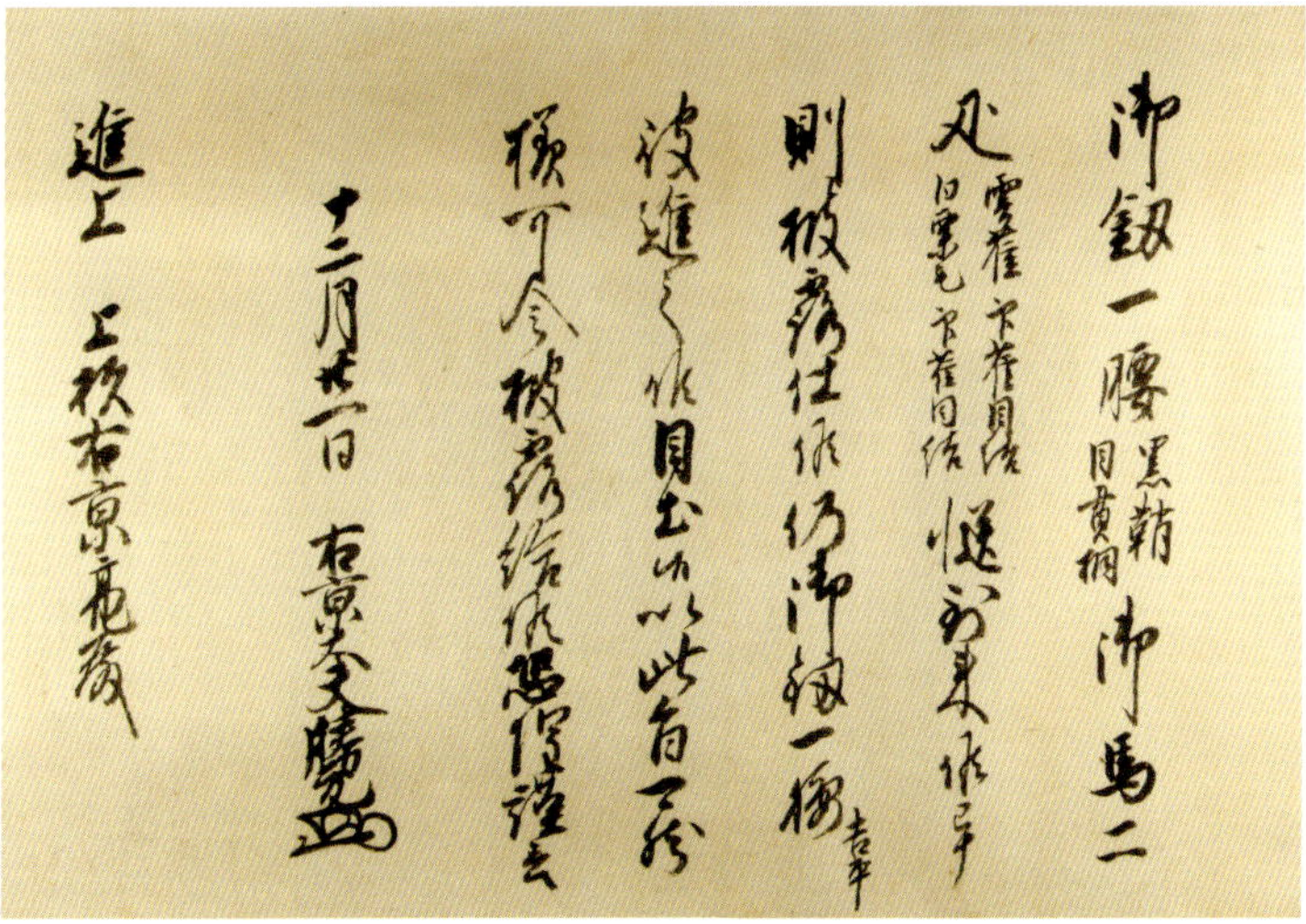

細川勝元自筆書状（「喜連川文書」，神奈川県立公文書館蔵）

して結束を固めており、山名邸・斯波邸を包んで京都の西部から中央部にかけて陣地を構えた。細川方からの総攻撃がはじまると、山名方からも逆襲して合戦は累日《るいじつ》に及び、戦線は京都北半一帯にひろがった。

細川方は勝元を中心に、成之・常有（和泉守護）・勝久（備中守護）らの細川氏一族をはじめ、京極持清・赤松政則・武田信賢・斯波義敏らのほかに、父にそむいて細川方となった山名是豊（備後守護）や御霊林の戦後、行方をくらましていた畠山政長も加わっており、総勢一六万余といわれている。これには大和武士の成身院光宣らや、多くが細川方となっていた京都近郊の地侍たちも含まれている。これに対して山名方は宗全を大将として、教之（備前守護）・勝豊（因幡守護）らの山名氏一族をはじめ、斯波義廉・畠山義就・同義統《よしむね》（能登守護）・土岐成頼《しげより》・六角高頼・一色義直らの諸大名が与力していたが、兵力は九万余と称せられ劣勢であった。しかし、山名方はその後急いで兵力を領国から呼び寄せているし、同年八月には周防の大内政弘が大軍を率いて上洛したので、一一万六千余に達したといわれている（『応仁記』）。

室町殿は細川方の陣営内に取り込まれていたが、義政の側近をまもった奉公衆たちは先の御霊林の戦いの際には山名方の諸大名を自由に殿内に入れてしまった失敗にこり、このたびは直ちに室町殿の諸門を閉ざして義政を警固し、将軍の中立的立場を堅持しようとした（『経覚私要鈔』）。細川方は同年六月には義政から将軍旗を受けることに成功するので、義政は勝元に同心しているとみられたこともあった。しかし同年八月には山名方に内通の疑いをもたれた奉公衆は、細川方からの強い要求で室町殿から追放されるが、後にも述べるように、義政の周辺には細川方の圧力に反発して、むしろ山名方に傾くものが多かったのである。とにかく大乱を通じて義政はこれらの奉公衆に擁せられて、細川・山名両党の争いから超然たる態度をとろうとつとめている。そのため細川・山名両党は一方が将軍方、他方が敵軍方という色分けにはならず、最初から本陣の位置によって室町殿と細川邸に拠る細川方は東方、山名邸を本拠とする山名方は西方と呼ばれ、それぞれの軍勢もまた東軍・西軍と呼ばれたのである。京都上京区の堀川通以西、一条通以北の地域が西陣と呼ばれ、西陣織物で有名なところであるが、これは西軍の陣したところが応仁の乱後間もないころに、すでに、地名となっており、それが現在に及んでいるのである。

❖乱の張本人たち

大乱の張本人としては、まず、両軍の総大将の山名宗全と細川勝元をあげなければならないが、乱が勃発するまでの両人の対抗意識の熾烈さにもかかわらず、大乱は思わぬ方向に拡大し、両人の命令はまともに守られず、相互に味方から裏切者が続出し、この乱を収拾しようとつとめても、すでに両人の思うに任せなくなっていた。勝元は、はじめのうちは室町殿の正門あたりに陣を据えて指揮をとったり、西軍攪乱のため得意の心理作戦に手腕を発揮したが、戦いが長びくと戦意を失い、禅道の修行や医学書の編集に熱中して心を紛らせるようになる。豪勇を謳《うた》われた宗全も七〇歳に近い老齢であったためか、大乱に入ってからの活躍ぶりはほとんど見られず、ただ文明元年（一四六九）三月に東軍が西軍の囲みを破って斬り込んだとき、みずから具足を着し太刀をとって将兵を励まして敵軍を追い払ったことなどが知られるぐらいである。かれは文明二年には病気で書状に自署ができないほどの中風をわずらったらしく、

山名宗全の墓
（南禅寺真乗院，山下暢之撮影）

同年六月以降は木判の花押を用いているほどで、気力も急速に衰えたようである（『山内首藤家文書』）。

和平を望むようになった宗全と勝元は、戦乱が六年目となった文明四年の初めから内々で和平交渉をはじめたが、双方ともに味方の大名のなかに自己の利害だけを考えてこれに反対するものがあって和談は失敗した。これですっかり面目を失いいらだったためであろう宗全は切腹し、家臣たちの制止でやっと一命をとりとめたという。同年正月末には宗全の死去が伝えられたほどである。また、勝元とその養子六郎も家臣十余人とともに、髻《もとどり》を切って遁世入道を企てたというが、これも東軍がかれらの意のままに動かなくなっていたためであろう（『大乗院寺社雑事記』、『経覚私要鈔』）。宗全は翌文明五年三月一八日に、すっかり元気を失って七〇歳で死去する。ところが、それからまだ五〇日もたっていない同年五月一一日に、こんどは勝元が流行性の風邪におかされて、まだ四四歳の壮齢で急死してしまう。権勢を争うものは、一方が死すれば他方も必ず滅ぶというたとえにもれず、大乱の火付け役はともに滅んだのであるが、しかし、かれらはすでに、火を消す力を失っていた寂しい末路であった。

その他の守護大名たちにも、この乱中に軍勢の先頭に立って指揮をとるような気概のあるものは、ほとんどみられなくなっていた。ただ、応仁の乱のそもそもの発端をなした畠山政長・同義就や、この乱を旧領三か国を回復する好機会と考えていた赤松政則らが例外的な存在であった。また、両軍の実際の中心であった東軍の細川成之と、西軍の大内政弘も気力をとどめており、この両人はまた後述のように、文化教養の上でもすぐれた東山文化人であったことが注目される。

細川成之邸は東軍陣地の最前線を守る位置にあったが、かれの部下は勇敢で西軍方の猛将朝倉孝景の攻撃をみごとに撃退している。応仁元年一〇月三、四日の相国寺の戦いは、大乱中でも最大の激戦で、西軍は相国寺に火をかけここを一時占領したため、室町殿の守りも危くなり、義政を除いて日野富子以下殿中のものが避難を考えるまでになった。このとき成之は自邸の守備を部下に任せて室町殿にはいり、その落ち着きはらった威厳のある態度で殿中の動揺を静めるとともに、勝元にすすめて自分の部将東条河内守を畠山政長といっしょに相国寺の奪回に向かわせて勝利を得させ、西軍の大攻勢を打ちくだく主因をつくっている。

大内・細川両氏は瀬戸内海地域を西と東にわけて勢力を扶植しており、前者は博多商人と、後者は兵庫・堺商人を支配下において、ともに中国や朝鮮との大陸貿易を競いあう立場にあり、応仁の乱以前から両者は内海地域の中央部で実際に戦いを交えていた。政弘の父教弘《のりひろ》は、すでに長禄元年（一四五七）厳島神社の神主家を援助するため安芸国に兵を入れ、細川方の武田氏を攻撃しており、寛正六年（一四六五）には伊予の河野通春が細川勝元の軍勢に讃岐から攻め込まれて苦戦しているのを、救助しに伊予国におもむいている。教弘は出陣中病死するが、政弘は父のあとをうけて細川勢と激戦を交え、これを打ち破っている。同じころ安芸国でも大内勢は細川方の武田・沼田小早川氏らと戦いを繰り返しており、寛正六年六月には大内氏の部将陶弘正《すえひろまさ》が広島湾頭に近い府中で戦死している。このような情勢にあったので、応仁の乱の勃発は政弘にとって、細川氏を押さえ中央進出をなしとげる好機会であり、先述のように海陸の大軍を率いて東上し、兵庫に上陸して京都に進出したのであった。政弘は京都西北郊の船岡山に陣を張ったが、その軍勢は数も多く、強力で、実質上西軍の主力であり、宗全の死後は政弘が名実ともに西軍の中心となっている。

以上ながめたように、応仁の乱に一部を除いて守護大名たちの多くが精気を失っていたのに対し、その被官である守護代たちは守護大名よりはるかに逞しさをもっており、応仁の乱の立役者は、むしろかれらであったといえる。ことに西軍方では斯波義廉被官の越前の朝倉孝景、土岐成頼被官の美濃の斎藤妙椿《みょうちん》、東軍方では佐々木持清被官の近江の多賀高忠、赤松政則被官の播磨の浦上則宗など、畿内周辺諸国の守護代らは、応仁の乱以前から何らかの野心を抱いて京都に乗り込み、義政との直接の結びつきを求めるなど、政治策動をしており、大乱中でも戦闘に、政略のかけひきに、最も逞しく活躍したのはかれらであった。また後にふれるように、かれらはその豊かな経済力によって、東山文化の庇護者としての役目も果たしていることは注目される。

朝倉孝景は御霊林の戦いのとき、すでに義政の禁制を破り、畠山義就軍に加わって政長を攻撃しており、応仁の乱の緒戦には敵を求めて勇戦を重ね、最も派手に活躍している。そのため主人の義廉が応仁元年六月に、一時義政に降参しようとしたとき、孝景の首を献じなければそれを許さぬと拒絶されたほど、孝景は義政や東軍方から忌まれていた（『大乗院寺社雑事記』）。ところが、長期戦化した京都で戦っても得るところがないと悟ったかれは、応仁二年閏一〇月には越前に帰国し、同国支配の実権を手中にしてしまった。その実績によって文明三年（一四七一）五月、かれは東軍から誘われるにまかせて、西軍方を裏切って東軍方に味方し、かねての念願通り義政の直参となって、越前の守護に任ぜられた。かれこそ応仁の乱の勝利者の一人といえるであろう。

斎藤妙椿は被官でありながら美濃の土岐氏の全軍を、意のままに動かせる実力をもっていた。主人の土岐成頼は西軍に属したが、かれは兵略・政略を駆使して情勢を大きく見通した上で、絶えず義政との直結を考えながら、東・西両軍にあまりこだわらず、自在に行動している。かれは乱のはじめに帰国して美濃の支配を固めたが、いつでも京都に出動できる態勢を整えていた。しかし、途中の近江には、東軍方の京極持清被官の多賀高忠という傑物がいてその邪魔をし、かれの好敵手となっていた。妙椿は文明三年三月に美濃から出動して京都東山の如意嶽に陣取った高忠軍を破ったが、高忠は翌四年七月には近江にはいってたちまち一国を支配下に収めてしまった。そこで妙椿は同年一〇月に大挙して近江に攻め入って、高忠を越前に追い払ったということもあった。かれは、近隣に威勢を張ることも忘れておらず、文明五年一〇月には伊勢に出陣しており、同六年六月には、数千騎の兵を率いて越前に出動し、そこで戦いを交えていた朝倉孝景と、斯波氏の重臣甲斐八郎の間にはいって和解を成立させると、たちまち兵を引きあげるという機敏な行動もみせている。(『大乗院寺社雑事記』)。

妙椿はまた大乱の終結にも大きな役割を果たしている。義政の弟義視は、細川勝元に擁せられて一時は東軍の総指揮官となったが、次項でふれるように義政周辺の事情によって、東軍の陣営にとどまることができず、かえって西軍に迎えられて盟主となった。ところが、応仁の乱も終末となり、西軍の諸大名が領国に引きあげる情勢となると、義視はすっかり孤立してしまった。この義視を引き取ったのが妙椿であり、義視は文明九年(一四七七)一一月に、土岐成頼の軍勢とともに美濃に下った。この後、妙椿は得意の政略によって、翌一〇年七月には義政と義視を和解させており、かれが仕立てた義視からの和平の使者が、堂々と京都に乗り込んでいる。またこのとき、主人の土岐成頼と能登守護畠山義統の将軍家帰参を許す、義政の内書をも得ることにも成功している。妙椿は後にもふれるように、応仁二年九月に将軍奉公衆で和歌の道に堪能な、東常縁《つねより》の所領美濃国郡上《ぐじょう》をいったん占領するが、関東出征中の常縁がそれを悲しんで詠んだ和歌が、京都で評判となっていることを知ると、自分も「和歌の友人」として、その心がわかるといって、まもなくその占領地を返還し、これがたちまち都鄙《とひ》に知れわたったということがあった。またかれは、前関白で当代一の教養人であった、一条兼良に絶えず音信を通じ、文明五年五月には、かれを美濃に招いたこともあった。これらはいずれも文化を通じて中央との結びつきを深くしようとする、かれ独得の手段のように見受けられ、かれの文化活動には政略の臭気を打ち消すことができないように思われる。妙椿は文明一二年二月に七〇歳で死去するが、その死を聞いた京都のある公家は、「このものは応仁の乱中に種々張行した人物である。かれの死で世間は静謐《せいひつ》になるであろうと、とりざたされている」とその日記に記している（『長興宿祢記《ながおきすくねのき》』）。

多賀高忠は、近江国北半の守護京極持清の被官で、応仁の乱以前に、幕府の侍所所司の任にある持清の下で所司代をつとめたが、その財力は当時からはるかに主家をしのいでいた。京極氏では、毎年六月の祇園会に祭礼見物のため、将軍を京都の邸に迎えて猿楽を催して接待するのがならわしとなっていたが、文正元年（一四六六）には京極氏は貧乏で多額の接待費が支出できない状態となり、そのことをいったん幕府に申し出た。このとき、蔭涼軒主が高忠に勧告したため、高忠が饗応費のいっさいを負担して、義政の京極邸訪問が実現したということもあった（『蔭涼軒日録』）。応仁の乱にかれが東軍の勇将として、先述のように西軍の斎藤妙椿と互角に戦うことができ、京都の公家たちにもかれの近江国回復に期待を寄せるものが多かったことからも、かれの実力のほどがうかがえる。かれも後にふれるように、当代文化の庇護者のひとりであり、ことに武家故実の第一人者として知られている。

赤松氏の軍勢は、応仁の乱を旧領奪回の好機会として東軍中で最も活発に戦ったが、当主政則は応仁元年にまだ一三歳の少年であったから、赤松軍を実際に統轄したのは、守護代の浦上則宗であった。政則は乱勃発から二年余りの後には、播磨《はりま》・備前《びぜん》・美作《みまさか》三か国守護の地位を獲得し、さらに侍所所司に任ぜられ、則宗は所司代として東軍の重鎮となった。応仁の乱に最も多くの収穫を得たのが赤松氏であり、これを成功させたのが則宗であった。上にあげたほかにも乱の張本人といわれているものに、大和の国人武士筒井氏一族の成身院光宣がいる。かれは畠山氏両党の抗争に政長方として早くから介入し、義就を援助する南大和の越智氏と戦っていた。かれは、応仁元年正月に政長応援のために上洛し、御霊林の戦い以後も京都にとどまって細川勝元と連絡をとりつつ、山名方に対抗の気勢を示し、同年五月大乱勃発の最初に兵を動かしたのもかれであった。かれは文明元年一一月に八〇歳で大和に帰って病没するが、興福寺の大乗院尋尊はかれを「今度の一天大乱の根元はこの仁なり、六十余州その隠れ無し」と批評している（『大乗院寺社雑事記』）。

❖乱の中の義政

応仁二年一一月に東福寺の大極蔵主は、先にもふれたように、東陣におもむいて室町殿を参観したときの記録をのこしている。このときは乱が長期化し、戦線が膠着《こうちゃく》していたときではあったが、周囲の騒乱をよそに、邸内は園池に水鳥が遊ぶ静けさであった。義政の住む殿舎は、廊下や渡殿で結ばれた複雑な構えであり、その奥の殿舎には天皇・上皇がいますと聞いて、大極蔵主は鞠躬《きっきゅう》とし息をとめてそこを走り過ぎたのである。天皇・上皇は、すでに、応仁元年八月に乱を避けて室町殿に移り、後土御門天皇は寝殿に、後花園上皇は泉殿で過ごされていたのであった。しかし、室町殿の東南には、十余丈（三十数メートル）の大井楼が、相国寺の焼け残った七重塔に負けないほどの高さで建てられており、またその他の小楼や高塁が構築され、その外側には塹壕《ざんごう》が西軍との間を隔てて、深く掘り巡らされていた（『碧山日録』）。

室町殿は、応仁元年五月の大乱勃発のときは細川方の陣地内に取り込まれていたが、義政側近の奉公衆は諸門を閉ざして警固に当たり、細川方の大名でもみだりに邸内に入れず、将軍の中立的立場をまもろうとしたことは先述した。圧力を加えてくる細川方に反発して、奉公衆のなかには山名方に心を寄せるものが多かったので、同年八月勝元は数千人の軍兵で室町殿を包囲し、西軍に同心する張本人の二十余人を邸内から追放することを義政に要求し、これを実行

相国寺山門跡

している（『宗賢卿記』、『応仁記』）。奉公御番衆の第五番衆の番頭大館持房は、先の御霊林の戦いの際には将軍の厳正中立を保持するために大奮闘したが、大乱が勃発すると老齢のためその地位を嫡孫政重に譲っていた。しかし、上述のような事件がおこったとき、第五番衆のなかにも山名方に好意をもつものが多く、細川方から目をつけられていたが、持房は政重を励まし、われらの主君は将軍だけであるから中立が保たれなければ政重は死あるのみであり、自分も同時に死ぬと覚悟のほどを示した。細川方もその気魄《きはく》にのまれて、第五番衆にはついに手をつけなかった（『大館持房行状』）。相国寺の戦いで西軍が室町殿に迫り、夫人富子をはじめ、邸内の人々が避難を考えているとき、「御所様ハチトモ御騒ナク、常ノ御気色ニテ御酒宴ニテ有ケル」という義政の落ち着きはらった態度は、上述のような奉公衆に取り囲まれて、厳正中立の立場を堅持しているという自負からきていると思われる。

義政の弟義視は大乱の勃発と同時に今出川邸から室町殿には

いり、細川勝元と相応じて最初は大変に威勢がよく、応仁元年六月一日には山名宗全討伐の総大将となって、室町殿から出撃しようとしているほどである（『後知足院房嗣記』）。ところが、それから時を経ていない同年八月二三日の夜半、義視はひそかに室町殿を抜け出して伊勢に逃れ、同国の国司北畠教具《のりとも》館をたよるようになる。これはいったいどうしたことであろうか。

その要因の第一は、細川方が室町殿をその陣地内に取り込んだが、先に述べたように、将軍の中立性をまもろうとする奉公衆が、諸門を閉じて義政を警固し、細川方の諸大名も自由に殿内に入れず、そのため勝元は義政と意志の疎通が十分できなかったことである。室町殿内には宗全に好意をもった夫人富子やその兄の日野勝光がいて義政を牽制する。勝光らは東軍が攻勢に出ている最初のうちこそ身を縮めていたが、大内軍の東上もあって、西軍が勢いを盛り返してくるにつれ、ひそかにこれに声援を送り、しだいに義視に圧力を加えた。次には義政の気持ちが定まらなかったことである。かれは将軍職の跡継ぎにと還俗までさせた義視に対し十分責任を感じている。しかし、かわいく成長しているわが子義尚をながめては、この子を将軍にと望む富子の願いもむげには退けられない気持ちがおこる。この義政の心の動きを察して側近の奉公衆のなかに、義尚の後援者であった宗全に心を寄せるものが出るのも当然であった。勝元の勢力が直接に及ばない室町殿内で義視はまったく孤立し、身に危険さえ感じ、ついに脱出をはかったのであろう。

義視の脱出は伊勢北畠氏の同族北畠中納言教親が先導し、一部の近習が随従しただけで、このことを知って義政・勝元ともに面目を失い、外聞上困惑した。そこで両人は義視に対して、伊勢の国衙領の半済《はんぜい》を料所として給与し、さらに応仁二年五月には山城・近江・伊勢の寺社本所領の半済をことごとくあてがって、かれをなだめた。また義政からはたびたび内書を下し、勝元も東軍の諸大名と連署してかれの帰京を促した。そこで義視も翌応仁二年（一四六八）八月、義政から迎えの使者として派遣された聖護院道興とともに上洛の途についた。沿道の国人武士たちはみなかれを歓送し、また数千人の野武士がかれに従いその気勢は大いにあがった。

義視は同年九月一一日に入京し、洛北の北岩倉に数日滞在中に義政に諫書《かんしょ》を提出し、邪悪な近臣を退けて政道を正すようにと申し入れ、ついで、同月二二日に東軍の陣中に入った。義視は自分に敵意をいだく日野勝光や、その口添えでふたたび室町殿に帰参が許されていた伊勢貞親らに対決を迫ったのである。

このころ、室町殿内は雑説が入り乱れ、東・西両軍の対立よりはるかに物騒な状態となった。いよいよ将軍の後継者を義視と義尚のいずれかに決着をつけるときがきたのである。義政は勝光・貞親らに取り巻かれて急速にかれらの側に心を傾けていき、余りに強硬な態度を示す義視に敵意さえ感じはじめたようである。室町殿内で義視方の人々はひどい迫害を受けた。このような室町殿内の空気を察して、勝元はしきりに義視に出家を勧めたともいう。勝元はすでに義視を将軍につけることをあきらめ、かれをもてあますようになってきたのであろう。同年一一月一三日の暁天に義視はふたたび室町殿を出て比叡山に逃れるが、これも勝元のはからいであったとみられる（『後法興院政家記』、『大乗院寺社雑事記』、『応仁別記』）。

いったん比叡山に逃れた義視は一〇日ほど後の同年一一月二五日には西軍の諸将に迎えられて、西方陣の斯波義廉邸にはいった。同夫人も西方に移り、義視の嫡男義植も東軍の部将武田氏が西方陣に送り届けている。東軍の諸将は、義視が西軍に迎えられることを予知していた様子が見受けられる。義視は西軍の諸将から将軍として奉戴され、西軍方の兵力動員のため、しばしばかれの内書が発せられており、義政・義視の二人の将軍が並び存する形となった。しかし、これで義視は永遠に義政から将軍職を譲られる機会を失ってしまったのである。かれは先に述べたように、応仁の乱の終末には西軍諸大名の間でも孤立し、わずかに斎藤妙椿に迎えられ、土岐成頼軍とともに美濃に下向するのである。

義視が室町殿から去った翌年の文明元年正月には、五歳となった義尚が義政の命によって傅《ふ》育《いく》の任にある伊勢貞宗にたすけられてではあったが、公家・武家・社家など諸侯百官から正月の賀礼を受けており、義尚の足利家家督としての地位が固められた。勝元が義視を支持し、宗全が義尚を擁しての抗争が応仁の乱勃発の大きな要因であったのに、いまや、義視と義尚が入れかわってしまい、東・西両軍の戦闘目的がぼやけてしまった。これが京都での戦闘を低調な

足利義政自筆短冊
（センチュリーミュージアム蔵）

ものにし、地方では両軍ともに裏切りものが続出する原因でもあった。文明五年には宗全・勝元の両軍の大将が死去するが、この年に九歳になった義尚は一二月一九日に元服し、義政の譲りを受けて征夷大将軍に任ぜられた。

義政には応仁元年一〇月に賦した百韻連歌の中に「みだれたる世をのみなげく我こころ」という句があり、また「はかなくも猶おさまれと思ふかな、かく乱れたる世をばいとはで」というかれの和歌も乱のはじめころの作とみられる（『慈照院殿御吟百韻』、『応仁記』）。義政は、乱のはじめころには両軍から超然として中立性を保ち、乱の鎮静に心を砕いていたに違いない。しかし、戦いが長期化する一方、将軍の継嗣問題が一段落すると、かれはかねて念願していたように、隠居して当面の面倒な政治から手を引き、文閑風流な文化生活に打ち込みたいという気持ちを強くもってくる。また、このころには、日野勝光が義尚の後見のような立場で専権を振るうようになる。また富子も独特の経済的活動を行ない、政治に発言するだけでなく、義政とも性格があわずしばしば仲たがいをするようになる。義政は、すでに文明三年七月に、富子との不和が直接原因で隠居することを望み、そのころ勝元が遊覧所として新造した邸宅を提供させ、同年八月にこの小川御所に出かけている。かれは、このときはまもなく帰還したが、文明六年三月には室町殿から小川御所に移徙《いし》する。この御所に新造された殿舎には座敷飾が施され、また庭園も比類なく整えられ、義政はここで文雅風流の生活を開始しているのである(『後法興院政家記』、『御飾記』)。

❖乱の被害者たち

応仁の乱の兵火による被害は大きく、初戦の応仁元年中に京都北部一帯が焼失し、やがて焼亡は京都全域に及んだ。一休和尚は『洛陽火後』と題した詩を賦して「寒灰充塞す洛陽城、二月花に和して春草生ず、黄金宮殿依然として在り……」と、兵火にかかった索漠たる京都の風景を表現している。黄金宮殿というのは、おそらく義政が天皇を迎えてともに住んでいる室町殿をさしているのであり、ここばかりを残しその周囲一帯は野っ原になってしまったのである(『狂雲集』)。この室町殿も文明八年(一四七六)一一月に半町ほど西方の在家からの出火で類焼してしまう。しかし、義政は先に述べたようにこれより前に小川御所に移り、兵火をよそに閑雅風流の生活をはじめていたのである。

乱の最大の被害者は、兵火によって家財を失い居所を追われた庶民たちであり、戦乱によって、いっそう没落の悲運にみまわれた公家や、旧社寺と五山禅宗の僧侶たちであった。乱の張本人は武士のなかの猛将たちであったことは先に述べたが、地方から京都に動員され戦場の悲惨をなめ、仲間から多くの戦死者を出した一般の武士たちもまた、大きな被害者といえるであろう。大乱勃発のころのありさまを近衛政家は「両方の手負死人その数を知らず、然りといえども雌雄いまだ決せず」と伝えている（『後法興院政家記』）。はじめの二年間ほどは激戦が続き、戦死者も多かったのである。これは応仁元年一月の御霊林の戦いのときのことであるが、戦い果てて一三、四歳の美少年が郎等とおぼしきものの楯にのせられ、死骸となって運ばれてくるのが京都の人々の涙をさそった。この少年は、畠山義就軍のなかでも武勇のほまれの高い、河内国の隅屋二郎の子で、親のほまれをきずつけないために、勇敢に金作りの小太刀を抜いて軍兵の先頭に進んで戦死してしまったのであった（『応仁記』）。

また応仁二年五月、東軍が西軍を攻撃したとき互いに殺傷者が多かったが、大内政弘の部下稲井田某も敵のため刺殺され、建仁寺で葬礼が行なわれた。その祭壇の前で、かれに長年つき従っていた一老卒が、自分がこのたびの戦いの場に居合わせなかったことを嘆き悲しみ、主人を戦死させて自分だけがおめおめと生きて国に帰り、親族たちに顔が合わせられようかといって、切腹して死んでいる（『碧山日録』）。これらはほんの一端であるが、武士の被害者といえるであろう。

乱のために京都の屋敷から焼け出され、地方の荘園も根こそぎに奪い取られてしまった公家や大寺院の僧侶たちの生活はみじめであった。仮りの宿を求めて地方に逃れ出たかれらは、その途中でも京都周辺に横行する山賊・海賊にたちまち苦しめられたのである。相国寺の横川景三《おうせんけいさん》は後に義政の篤《あつ》い信望を得て、その東山山荘の経営にも参与することになるが、応仁の乱には、かれは友人の桃源瑞仙とともに、桃源の郷里の近江国湖東の市村に避難する。横川の一行は応仁元年八月二四日京都から三里の山路を経て坂本に着き、そこから堅田浦の船を雇って琵琶湖を対岸に渡ろうとするが、海賊が横行するため三日間も湖上にとどめられ、ひそかに聞けば船頭の一家もみな賊に通ずるものたちであった。やっと対岸の兵主《ひょうず》に船をつけ、そこの禅寺に知友を訪ね鞍馬を借りて陸路目的地に着いたが、陸路でも絶えず賊にねらわれたのである。横川はこの戦慄すべき逃避行の情景を克明に名文に書きのこしている（湖上逢故人詩叙「小補東遊集」、五山文学新集第一巻所収）。横川の一行は、同行の僧四人と多くの行李《こうり》を担夫にかつがせての贅沢《ぜいたく》な逃避行であったが、同じ相国寺の僧であった万里集九は、わずかに一張の紙の衣を着た独り旅であった。近江へ逃れる途中この衣さえ賊に奪われている（『梅花無尽蔵第一』）。

公家衆も、天皇が室町殿に避難され朝廷の儀式も行なわれなくなった上に、邸宅も焼かれて京都から逃げ出すものが多かった。ことに、奈良は公家衆の子弟が興福寺などの僧侶となっていたので、これをたよってこの地に疎開した公家が多数みられる。関白の一条兼良《かねら》も応仁元年

九月には京都の邸宅が焼失し、翌二年八月には子息である興福寺大乗院尋尊《じんそん》をたより、一族とともに奈良に下向している。かれの嫡男教房はここからさらに家領の土佐の幡多荘《はたのしょう》中村に下り、ついでこの地で病死する。また、嫡孫の政房は、同じく家領の摂津福原荘に移るが、文明元年一一月、兵庫を占拠した西方の大内政弘軍を東方の山名是豊・赤松政秀の軍勢が攻撃したとき、あやまって東軍の兵に刺殺される悲運にあっている（『大乗院寺社雑事記』）。たよりになる親族や荘園をもたない公家はいっそうみじめであった。勧修寺《かじゅうじ》経茂《つねしげ》は、当時、中納言正三位でこれまで勅使として奈良に再三下向したほどの公家であったが、応仁二年一〇月京都から近江坂本に逃れて苦難をなめ、同年一一月奈良の大乗院尋尊のもとにたどりついたときの風体は、口にいえないほどあさましく、「一向に乞食のごとく」であったという（同上）。

困窮して地方に流寓《りゅうぐう》した公家衆は、高い文化教養を求めている地方人から歓迎され、公家も京都での権式をかなぐりすてて、気安く古典・有職・芸能などを伝授し、これが中央文化を地方に伝播する一因であることは後にもふれる。一条兼良は、文明五年に斎藤妙椿の招きに応じて、美濃のかれ

京都の町屋（「京洛月次風俗扇面流図屏風」，光圓寺蔵，京都国立博物館写真提供）

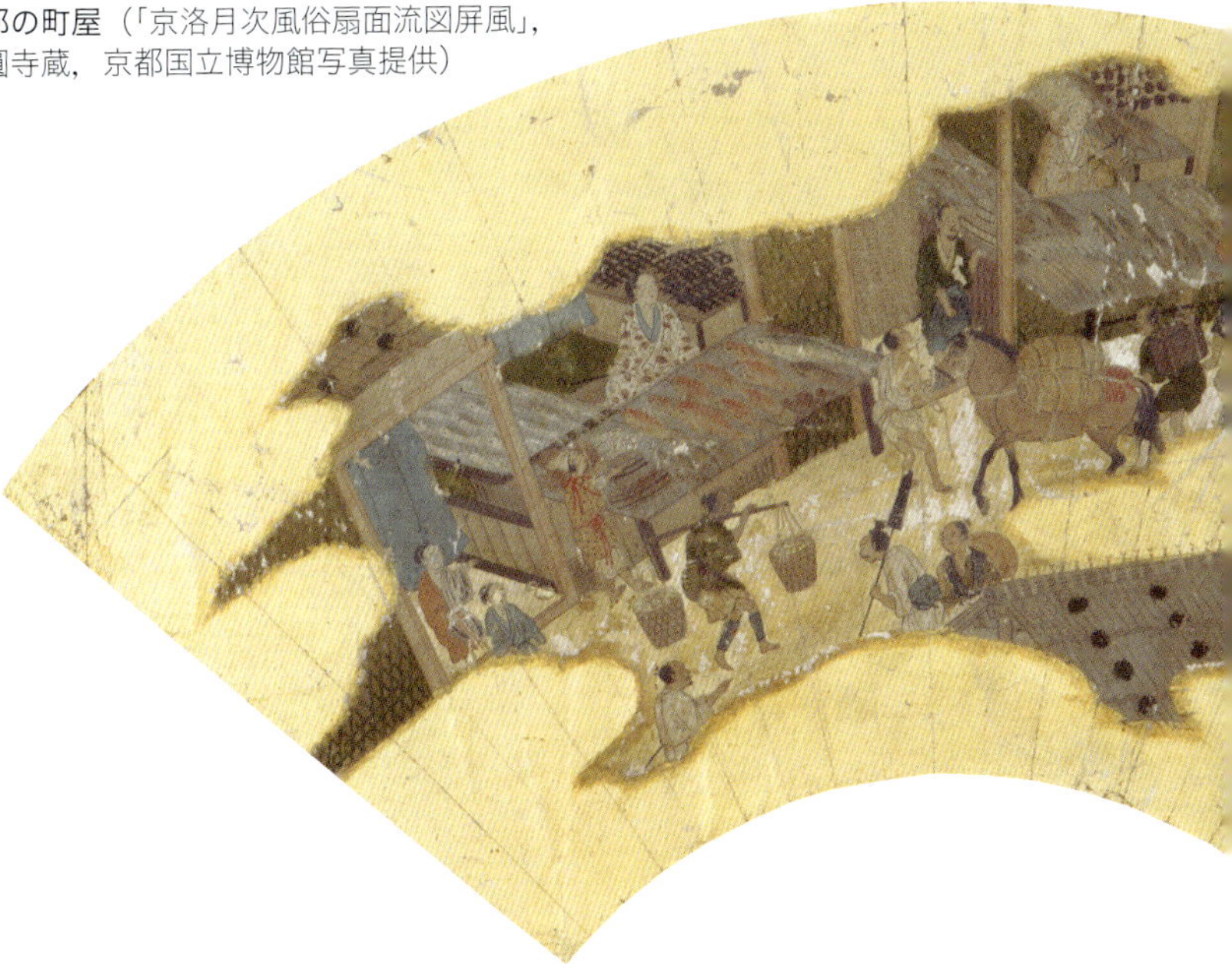

の拠城におもむいて歌会や連歌会などを催しており、これより先の文明二年にも歌僧正広を伴って伊勢の国司北畠教具の館におもむいて、大変な歓待をうけている。また、文明一一年には七八歳の老体をおして越前の朝倉孝景の館を訪れ、荘園返付の目的は果たせなかったが、二万疋《びき》の寄進を受けるなど厚いもてなしをうけている。応仁の乱後、京都には町衆たちを中心に復興の気運が盛り上がるが、公家は乱中に奪われた家領は返却されずその困窮は増すばかりで、生活の資を得るため公家衆と地方武士の結びつきはいっそう強くなる。三条公敦《きみあつ》は歌人としても知られ右大臣にまで昇進した上級公家であったが、文明一一年四月、内大臣から右大臣に昇任した当日に、乱中から親交のあった大内政弘にたよって周防に下向する。公敦の下向について諮問を受けた義政はこれに反対し、

家領が違乱されているためであるならば幕府から成敗しますと返事をしている（『兼顕卿記《かねあききょうき》』、『長興宿祢記』）。幕府の無力を知っていた公敦は義政の意向にそむいて下向してしまい、その後、永正四年（一五〇七）に死去するまで周防にとどまって、山口の文運興隆に寄与することになる。

「汝《なれ》ヤシル都ハ野辺ノ夕雲雀《ひばり》

アガルヲ見テモ落ルナミダハ」

これは、細川成之の被官飯尾彦六左衛門尉常房が、兵火によって荒廃した京都のありさまをながめて、その実感を詠んだものである。当時の公家の日記にも、一乱によって京都は荒野になってしまったとか、赤土になってしまったという記事が多く見られる。このような京都全域に及ぶ焼亡によって最も被害を蒙ったのは、ここを生活の糧を得る場としていた都市民たちであったに違いない。

足軽の活動（「真如堂縁起」，真正極楽寺蔵）

かれらのなかには堺や奈良へ避難したものもあったが、その多くは避難さえできなかったであろう。そのなかには悪党に身をおとし、また次に述べるように足軽となって戦闘に加わるものもあったが、多くのものは戦乱が小康状態になるとさっそく小屋がけをして復興のさきがけとなったのである。

下京はもともと商業の盛んなところであったが、文明三年（一四七一）ころには鴨河原に近い四条あたりは、すでに商業地域として活気をとりもどしているようである。大乱終結より以前の文明六年四月に、山名宗全の孫政豊と細川勝元の子政元の間に講和が結ばれると、下京などの商人たちがさっそく東軍の陣地に入り込んでおり、また東軍陣内から北野神社へ、西軍陣内から誓願寺へと物詣のための往来人も多く見られた（『大乗院寺社雑事記』、『親長卿《ちかながきょう》記《き》』）。京都市民たちは東・西両軍の動静を冷静に眺める批判者であり、実際に戦闘を見物するものもあった。両軍部将の行動を諷刺する落書が多くのこされているが、これらは、かれらの意向を反映したものとみられる。かれらは結集して自衛活動を行なうが、その指導的立場にあった富裕な店舗商人である町人が中心となって町衆を構成する。かれらも東山文化に大きく寄与していることは後にふれる。

❖足軽の性格

文明二年（一四七〇）六月に西軍の部将畠山義就が京都の祇園社に出した禁制のなかに「軍勢以下足軽等濫妨狼籍事」を堅く停止せしめるという一か条があり、すでに足軽が主人をもち、軍勢に付随した存在であったことが知られる（『八坂神社文書』）。一条兼良は文明一二年に将軍義尚の求めに応じて撰進した『樵談治要《しょうだんちよう》』の「足がるといふ者長く停止せらるべき事」という項目の中で、「此たびはじめて出来たる足がるは、超過したる悪党なり」と、足軽が応仁の乱ではじめて出現したと記している。応仁の乱には野武士も多く参加している。たとえば摂津の国人武士池田充正は、応仁元年五月大乱勃発の直前に馬上一二騎と野武士千人ばかりを率いて入京しており、また足利義視が応仁二年九月に伊勢から上洛したときは、馬上二五、六騎と野武士二千人ばかりが従っていた（『後法興院政家記』）。野武士は農村の出身で軽装して戦闘に従う雑兵で、すでに南北朝時代から大いに活躍していた。それでは野武士と足軽との相違はどこ

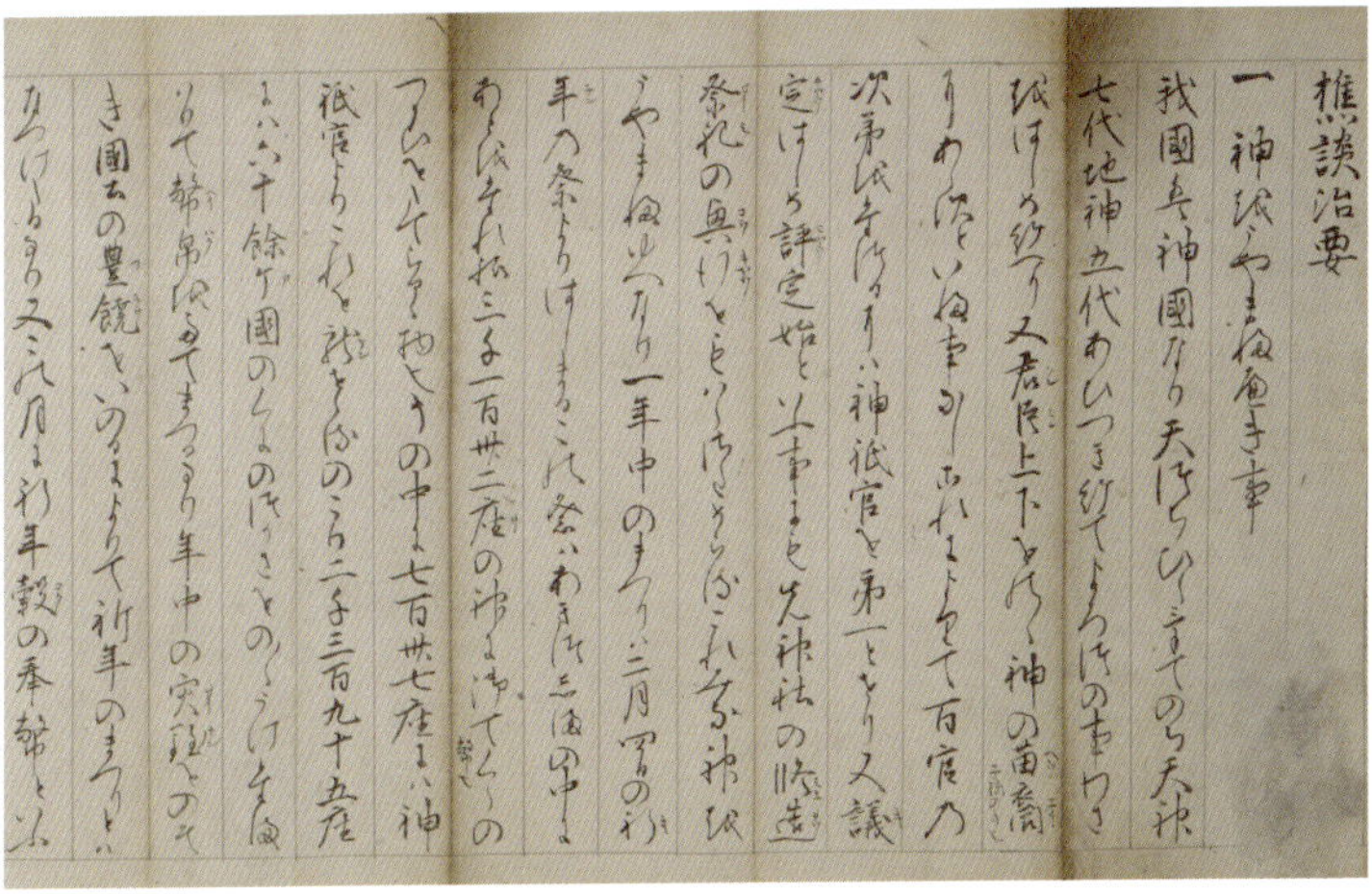

『樵談治要』（京都国立博物館蔵）

にあるのであろうか。

両者は類似するところが多いが、あえて相違点を求めれば、野武士は従来の騎馬武者を中心とした戦闘に歩兵として参加するたてまえであったが、足軽と呼ばれる歩兵集団ははじめから正面きっての戦闘には参加しない別動隊であった。かれらは疾足《はやて》とも呼ばれるように迅速に転戦して、強敵は避けて敵の隙を突くことを得意とし、不利とみれば逃げ出すことも恥辱としないのである。当時、東・西両軍が互いに堅固な土塁や深壕で陣地を固め、高い井楼を建てて監視しあっていたため騎馬戦で先頭を争う古い戦術は通用せず、武芸のすたれといわれても戦術を転換して足軽を活用する必要があった。

足軽戦法で最初に成功をおさめたのは東軍であった。東軍方の甲冑を帯せず、戈《ほこ》もたず、ただ一剣をふりかざして敵軍に突入する腕っこきで向こうみずの足軽三〇〇人が、応仁二年六月八日の夜中に敵の隙をうかがって山名宗全の陣地に入り込み、その大井楼を焼き払うという戦果をあげ、勝元から賞せられている。また同年九月に、東軍が船岡山を守る西軍を攻撃して陥落させたときも、浦上則宗の小者で一若という足軽の頭《かしら》が、わずか五、六〇人の足軽仲間を率いて船岡山の背後に迂回し、堀を飛びこえ、石築地を飛びあがって、陣屋に火をつけて東軍勝利のきっかけをつくっている。また東軍の足軽の頭駒太郎というものが船岡山で戦死しており、この戦いにも東軍が盛んに足軽を活動させていたことが知られる（『碧山日録』、『応仁別記』）。西軍でも負けてはおらず、足軽を増強し、かれらを駆り立てて真っ先に戦わせるようになる。

足軽には悪党的な性格があった。一条兼良は先にもあげた『樵談治要』のなかで、応仁の乱で洛中・洛外の社寺や公家・門跡の邸宅などが滅亡したのは足軽の所行で、かれらは手当たりしだい所々で打ち破り・放火・掠奪を行なっており、「ひとへにひる強盗というべし」といっている。東軍ではすでに応仁二年三月に、所司代の配下で盗賊取締りの役をつとめた目付の骨皮道賢に命じて、かれがかつて手がけた悪党たち三百余人を率いて京都東南の稲荷山に立てこもって、西軍の糧道を絶たせた。また、かれらに西軍が軍勢と兵糧を置いている下京を焼き払わせた。これにたまりかねた西軍は畠山義就・大内政弘らが稲荷山を攻め落とし、そのため稲荷社の社殿が焼失したということがあった（『碧山日録』、『後知足院房嗣記』）。これは東軍が足軽の精鋭に山名氏の井楼を焼き払わせたときより三か月以前のことで、西軍の包囲の一角を破るために、東軍がとりいそいで悪党を集めて行動させたもので、これはまだ足軽隊とはいえないものであろう。足軽は次に述べるように京都周辺の郷村の農民や京都市民のなかから徴発され、東・西両軍の諸大名に所属して、一応主人をもっていた。しかし、かれらは先に頻発した土一揆に加わったのと同じ階層の人々であり、諸大名の徴発に応じたのも生活の糧を得るためであった。それゆえに、かれらは反体制的で、ふるい権威を誇る社寺・公家・門跡などに対し、平然と放火・掠奪を行なったのであり、悪党に通ずる一面をもっていた。

先に「伊勢参宮の盛行」のところでもふれたが、応仁二年一一月に東軍所属の足軽三百余人が長矛・強弓をもち、踏歌奔躍しながら宇治の神明社に参詣に出かけたが、そのいでたちは頭には金色の冑《かぶと》をつけ、あるいは竹の皮で作った笠をいただき、あるいは赤毛をかむり、寒さもおそれず半裸体姿で威勢よく身も軽やかに飛ぶようであった。かれらが参詣からの帰途、親族数百人が伊勢参宮に恒例の坂迎えの行事をするため、東山まで出迎えたが、西軍の兵に待ち伏せされて二十余人の死者を出したことがあった（『碧山日録』）。このことから、これらの足軽は東山より西方の郷村の出身者で、粋《いき》で勇みはだの若者たちであったことが察せられる。

東軍の足軽は京都周辺の郷村出身者が多く、これに対し京都の大半を占拠していた西軍方では、都内で足軽を徴発した場合が多かったようである。東軍に味方する山科郷が応仁二年閏一〇月に、西軍の足軽二千人の襲撃をうけてこれを追い散らしているほか、西軍兵の攻撃をうけた郷村が、郷長以下郷衆がこれに抗戦している例が往々にみられるが、これらの郷村は東軍に味方するほか、おそらく足軽も出していたものと思われる（『碧山日録』）。これに対し西軍方では、東福寺門前の住人で寺の力役に従事するはずの御厨子というすこぶる勇悍《ゆうかん》な男が、寺役に従わず畠山義就旗下の足軽頭となり、仲間を集めて東軍の通路を塞いだ。そのため応仁二年八月に東軍が御厨子を攻め破ろうとし、そのとばっちりが東福寺に及ぶのをおそれて寺僧たちが寺を立ちのこうとしたが、御厨子はこれを許さないという本末顚倒する事態もおこっている（同上）。また西軍方の足軽大将馬切衛門五郎というものが、文明三年一月ころ下京の八条辺で足軽を募集したところ、東寺の諸坊の小者・力者や境内の農民たちが多数これに応募した。東寺ではこれを禁じたが、足軽たちが押しかけて抗議したので、すでに足軽になっているものは許さざるをえなかった（『東寺二十一口方評定引付』）。

応仁の乱の花形役者として登場した足軽は、両軍ともにこれを甘やかしたため、暴戻《ぼうれい》な行動に出るものが多く、西軍ではすでに応仁二年一二月に足軽たちが内輪もめをして、党をつくって相闘い、そのためその首領たちがみな死んでいる（『碧山日録』）。東軍でも文明七年一二月、赤松政則の部下と足軽が闘争をおこしている（『実隆公記』）。足軽たちは乱がしずまると、しだいにもとの郷村や都内の住所に返されたが、なかなかもとの平静な生活にはもどりにくかった。東福寺では大乱が終結した文明九年一二月に、その境内や門前に住む寺支配下の住人たちが幕府に依頼して、足軽と号して悪行を重ねることを禁止する命令を出してもらっている

(『東福寺文書』)。

応仁の乱が終わるとふたたび土一揆が峰起するようになるが、文明一二年の土一揆が酒屋・土倉を掠奪するのに兵糧を出させたり、公卿の家にまで押しかけて酒肴料《しゅこうりょう》を出させていたりするのを見ると、この一揆の正体が戦争ずれをした足軽たちであったように思われる(『宣胤卿《のぶたねきょう》記《き》』)。また、文明一七年の土一揆は、その張本人が細川成之の重臣三好氏の被官人だといわれ、また細川政元が細川邸の前に集まった土一揆たちを点検していることなどからみて、このときの土一揆の主力が、かつて東軍の細川氏のもとで活躍した足軽部隊であったのではなかろうかと思われる(『蔭凉軒日録』)。畠山義就は乱後、河内の領国に退いてからも足軽部隊を維持しており、文明一一年にはかれらを奈良に侵入させている(『大乗院寺社雑事記』)。しかし、足軽部隊が恒常的に大名に所属し、弓・槍・鉄砲などの部隊編成が行なわれるようになるのは戦国時代に入ってからである。

乱後の復興

❖太平の到来

一般に政治史の上では、応仁の乱から引き続いて戦国時代に入るように説かれている。京都においての激戦が繰り返されたのは初めの数年間だけで、その後は互いに敵の領国を攪乱《かくらん》することにつとめたので、戦乱は地方に波及し、地方では実際にそのまま戦国時代に突入するのである。ところが、京都及びその周辺では人々の間に「一乱以後」という言葉がしばしば使われているように、乱後の京都の復興はめざましく、ふたたび太平が謳歌されている。このような平穏な時期は、乱の終結から義政の死後三年目の明応二年（一四九三）に細川政元の将軍廃立によって幕府の存在が動揺するまで、二〇年間に及んだのである。義政の東山山荘での生活も、この時期の太平の雰囲気と結びつけて理解しなければならない。応仁の乱があったにもかかわらず、義政の時代を大局的にしのべば太平であったとみる考え方もおこっている。相国寺の僧景徐周麟《けいじょしゅうりん》は、義政の死後、寺となって慈照寺と称されるようになった東山山荘のあとを訪れ、義政の時代を回顧して詩を賦し「四十余年太平事」といっている（『翰林葫蘆集《かんりんころしゅう》』巻四）。

先に述べたように、乱の張本人の山名宗全と細川勝元はともに死去の直前に講和を切望するようになっていたが、互いに味方に強い反対者があってこれを果たすことができず、宗全が死期を早めたのも講和が失敗したためとみられる。宗全が死去してからまだ一か月もたっていない文明五年（一四七三）四月一三日に、東軍の陣営では細川成之の邸に相国寺の僧横川景三《おうせんけいさん》をはじめ、五人の僧と俗人五人が集まって、互いに漢詩と和歌をつくって興ずる会合をもっていた。このとき、たまたま西軍方の宗全の嫡孫政豊から講和の申し入れがあり、これを知った景三は即座に「雨後緑陰」の題下に左の詩を賦している。

一雨ノ七年ニシテ初メテ洗フレ兵ヲ
三軍喜気満ツ二京城ニ一
緑陰猶勝《まさる》ノ看ニレ花ヲ日
隔テレ葉黄鸝《こうり》語ル二太平ヲ一

ひと雨あって色を増した緑陰は桜花よりもすばらしいながめとなった。応仁の乱がはじまって七年にもなり、緑陰の一雨にもまさる講和の朗報によって、京都中の軍隊は喜気にみちている。葉かげでは鶯が太平を告げるがごとくさえずっているというのであり、太平到来を喜ぶ当時の京都の人々の気持ちをよく伝えている（『補《ほ》庵《あん》京《けい》華《か》前集』、『五山文学新集』第一巻所収）。

　ところが、このとき西軍方では畠山義就が畠山政長との妥協など絶対にありえないとしてこれを拒み、東軍方でも赤松政則が乱中に占領した旧領国の播磨・備前・美作三か国の返還を山名氏から迫られることを心配して反対したため、講和が成立しなかった。しかし、一年たった文明六年四月になると、細川・山名両家の重臣たちは会談して、勝元の嗣子政元と宗全の嫡孫政豊との間に講和が成立し、政豊は新将軍義尚から山城守護を安堵《あんど》されている。細川・山名両陣を隔てていた空濠に橋がかけられ、商人や社寺参詣の人々が両陣の間を自由に往来しはじめる。このたびの講和に西軍方では畠山義就が一人相談にあずからなかったが、大内政弘はじめ諸大名は一応講和に同意を示していたようである。しかし、東軍と講和したのは山名氏だけで、他はこれに加わらなかった。かれらはいったん盟主と仰いだ義視を見放したり、盟友の畠山義就を見殺しにすることはできず、領国に引きあげるにはそれなりの体面を整える必要があった。

　応仁の乱はこれ以後、確かに終盤戦に入るのであるが、終局までにはまだむなしく三か年が流れるのである。文明六年閏五月の日記に大乗院尋尊は、このころ「公方ハ大御酒、諸大名ハ犬笠懸、如二天下泰平之時一也」と記している。戦乱がいつまでも終結しないことにいらだって、義政は酒に酔い、諸大名は犬笠懸に気をまぎらせているが、太平の気運は到来していたのである。義政は同年八月には富子・義尚を同伴して誓願寺の撞鐘《とうしょう》鋳造を群参の人々とともに見物しており、同一〇月には京都郊外の高雄神護寺の紅葉見物に出かけようとしたが諸大名にとめられ、同じく三人で北山の鹿苑寺《ろくおんじ》（金閣）に出かけている（『親長卿記』、『実隆公記』）。

応仁の乱の終末にあたって、舞台の幕引きの役をつとめたのが大内政弘と斎藤妙椿であった。この時期の政弘は、西軍の体面を保つために兵を動かすが、平生の京都での生活は文化教養人として趣味を求める静かなものだった。文明八年（一四七六）七月には一条兼良に依頼して、その著書『伊勢物語愚見抄』と、『源氏物語』を注釈した『花鳥余情』を書写して贈ってもらっている。また、後に山口に下向する三条公敦も、すでにこのころ連歌師の猪苗代兼載《いなわしろけんさい》をともなって政弘の宿所に出入りしている（池田亀鑑「源氏研究を中心とする大内氏の学問的業績」）。これらの公家たちを通じて、義政とも連絡がついていたのであろう、同年九月、義政は政弘に内書を送って、これからもいっそう東西両軍の和平成立に努力してほしいといっている。

文明九年九月になると、西軍方では最後まで抗戦を主張していた畠山義就も軍勢をまとめて領国河内に下国する。これから後は政弘は表面きって幕府に接近し、幕府はこれを受け入れて、かれの官途を従四位下、左京大夫に叙任し、ついで周防・長門・豊前・筑前四か国守護職と石見・安芸の所領を安堵した。文明九年一一月一一日、大内政弘・土岐成頼・畠山義統などの西軍の軍勢はいっせいに陣を払って帰国し、成頼・義統らは撤退のとき自邸を焼いたため院御所などが類焼した。しかし、政弘はかねて周防から京都の陣中に上せて評判になっていた南方産の水牛を、この日義政に献ずるため小川御所に引いたり、土御門内裏を無事残すようにはからったりして幕府に誠意を示している。このとき義視は土岐成頼とともに美濃に下向するが、翌文明一〇年七月に斎藤妙椿の尽力によって義政と義視の和解が成立し、同時に土岐成頼と畠山義統の幕府帰参も許されたことは先述した。こうして京都を舞台に一一か年にわたった戦乱も、なんのための戦いであったのかその意味も見失われ、ただ荒廃のみを残して終わったのである。政弘は後にこの乱のことを追懐して「文明のみだれに両陣あひわかれ侍《はべり》し時、心ならぬさまにて都にありし事を思ひ侍るころ、思往事といふことを」という前詞に続いて、「わきかねつ心にもあらで十とせあまり、ありし都は夢かうつつか」と詠じている（『拾塵《しゅうじん》和歌集』）。この戦いの後のむなしさは、政弘だけでなく他の諸大名や武士たちも同様だったであろう。

❖富子の「女人政治」

義政は文明五年（一四七三）に将軍職を義尚に譲っているが、世間では幼少な義尚を相手にせず、義政を依然実際の将軍とみなして公方とか室町殿とか呼んでおり、かれが乱後の復興に力を尽くすことに期待を寄せていたのである。ところが、乱の後半、太平の気運が高まったころから、大乱の勃発に責任を感じその終熄《しゅうそく》に心を労していた義政が、大酒に酔いしれ政治から

日野富子像（宝鏡寺蔵）

逃避する態度をとるようになってくる。かれが政治から逃れようとした理由は、戦乱がいたずらに長びき、諸事がかれの意に任せず、ことに将軍の後継者として選んだ弟の義視を敵がわにまわしてしまったことなどもあったが、また夫人富子との仲が悪く、陽性で積極的な夫人に絶えず圧倒されがちであったことにもよると思われる。

義政・富子の不和のことが世間に知れわたるようになったのは文明三年八月のことであり、富子は室町殿を出て母の住む北小路邸に、義政も小川御所に移って一時夫婦は別居している。富子はその詠じた和歌がいずれも作為のあとはみられても、いかにも整っており、頭の回転の速い才女であったことが察せられ、また豊満で容色のすぐれた美女であり、かの女の行状には当時いろいろと噂が飛ぶほどの奔放さがあった（文明九年七月七日七首歌合、『狂雲集』）。それは内向的な義政とは対称的な性格であった。富子には、代々将軍家と姻戚関係にある日野家の出である誇りがあった上に、義尚が将軍職となってからはその母であるという自信も加わって、引っ込みがちとなっていた義政とは反対に幕府の政治にも積極的に発言するようになり、当時「御台《みだい》（富子）一天御計らいの間」とか、「当時の政道御台御沙汰なり」とかいわれているように、外部からは富子が万事を取りしきっているようにみられたのであろう。

義視を退け義尚を将軍職につけることは日野勝光・伊勢貞親一派の念願であり、手段を選ばぬかれらの行動が、応仁の乱の大きな原因であった。しかし、義尚が将軍職についたときは貞親は勝光と仲たがいして、若狭国に逃れ、すでに文明五年一月にその地で死去していた。義尚の将軍就任でわが世の春を謳歌したのは勝光であり、一時は幕府の政治を専断し奉行頭人らを駆使するありさまであった。

しかし、それも一年たらずで中風をわずらうようになり、文明八年六月には四八歳であっけなく死去してしまった。勝光は現実主義の政治家で天下の動乱をものともせず、かえって動乱を利用して私腹を肥やすというやり方をしていた。かれはためらいもなく賄賂をとってことを行ない、それも現銭でなければ相手にしないという徹底ぶりであり、文明六年閏五月には西軍の畠山義就から二千百貫文の礼銭を収めて、東軍との和解を斡旋したといわれているほどである（『大乗院寺社雑事記』）。また、かれが死去したとき、その邸には和漢の重宝が山岳のように

宝積山大光明寺奉加帳　准三后は義政、征夷大将軍は義尚で下に各花押，富子は自署。（大光明寺旧蔵，東京大学史料編纂所所蔵写真）

集められていたという（『長興宿祢記』）。

利殖・蓄財についての熱心さは富子も兄勝光に負けてはおらず、そのことで兄妹が対立したこともあった。勝光の死後は、この方面では富子の独壇場となり、大乱の終わりに近い文明九年（一四七七）七月ころにはかの女は天下の富を一手に握り、陣中の大名・小名に利息をとって銭を貸し付けており、西軍方の畠山義統まで千貫文の借用をかの女に申し出たという。またかの女は、米倉を設けて米売買を行なう準備をしている、とさえ伝えられている（『大乗院寺社雑事記』）。土御門内裏は文明一一年一二月に一応修造ができ、天皇が還幸しているが、幕府は、文明一二年九月に内裏の修理費にあてるためと称して、地方から京都への重要な出入口である七口にふたたび関所を設けて通行税を取った。ところが、内裏修理のためというのは口実で、関所からの収入は実際は幕府の所得となり、まったく富子の懐《ふところ》を肥やすためであったことが知れわたったため、関所撤去を要求する土一揆がおこった。

この一揆は関所に火をかけて破却するだけでなく、質物の帳消しを求めて土倉・酒屋に押しかけ、応仁の乱後最初の徳政一揆に発展している（『宣胤卿記』『大乗院寺社雑事記』）。富子は土倉とも結びついて利殖行為の点では同じ基盤に立っており、そのため庶民の怨みもかうようになり、土一揆の攻撃対象にもなったのである。

前関白の一条兼良は文明九年に疎開先の奈良から帰京しているが、翌一〇年にはその得意とする「源氏物語」の講義を義政と富子に別々に行なっている。それが機縁となったのであろう文明一二年には、兼良は富子に教養・修養の書として贈るために『小夜のねざめ』を著わしている。この書は最後に政道論に及んでおり、「ことにや大かた此日本国は和国とて女のおさめ侍るべき国なり」として天照大神・神功皇后から書き進め、ことに夫の源頼朝の死後、鎌倉幕府を管領し、承久の変を勝ち抜いた平（北条）政子をたたえ、さらに「今もまことにかしこからん人のあらんハ、世をもまつりごち給ふべき事也」と結んで、暗に富子の「女人政治」に歴史的意義づけを行なおうとしている。兼良はまた将軍義尚から政道の要旨を書き進めるよう再三催促されて、文明一二年七月に『樵談治要』を著わしている。それは八か条に分けられ、その第七条には「簾中《れんちゅう》より政務をおこなはるる事」という一条をわざわざ設けて、『小夜のねざめ』と同様に平政子などの女人政治の先例をあげて、女人でも天下の道理に明らかであれば、政道を補佐することは少しも妨げにならないと述べている。

これは兼良が富子におもねっているというよりは、富子の幕府に対する発言力が最も強まっていたこの時期の現状を反映させているのであり、ことに公家衆は富子から再三思いきった多額の銭貨を贈られているので、兼良をはじめ公家たちには富子の権勢がいっそう大きく見えたのであろう。しかし、富子は政子の場合と違って夫の義政が現存しており、かれは乱後も逸楽にその憂さを紛らしていたが、まだ幕府の権限は手放しておらず、諸大名や武士たちからも、大乱に苦楽をともにしこの乱を終熄させた功労者として、信望を失っていない。成人式を済ませた将軍義尚のもとには、かれを取り巻く奉公衆たちが、かれの新しい政治を期待して結集をはじめており、義政もまた隠居政治にふたたび意欲を燃やしはじめていた。こうなると、富子の政治的な発言の余地は急速にせばめられるのである。

❖日明貿易と唐風文化

義政は応仁の乱が多少静まりかけた文明六年（一四七四）ころから、明（中国）に貿易船を派遣する準備をはじめた。これは、実際は貿易船であったが、表面は将軍が日本国王を称して大明皇帝陛下に対して朝貢する形式をとり、海賊船と区別するため、明から送られた勘合符を持参するもので、足利義満時代からのならわしであった。文明七年八月には遣明船の正使・副使も決まり、遣明表（遣唐表）と称する足利将軍家から明帝に送る正式の書状もできた。それ

遣明船　遣唐使船として描かれているが，絵巻が描かれた当時の遣明船を写したものとされている。(「真如堂縁起」，真正極楽寺蔵)

宋銭

には義政が日本国王源義政と署名し、その下に明から贈られている金印の「日本国王印」を捺している。かれは義尚に将軍職を譲っても、外交貿易の権限はまだ手放していないのである。遣明表には別副と称する添状があって、それには将軍から明帝に贈る馬・太刀・硫黄・瑪瑙《めのう》・屏風・鎧・扇などの品目が書かれ、その見返りとして、銅銭と書籍を求めている。銅銭については「そもそも銅銭は乱を経て散失し、公庫索然たり、土瘠《や》せ民貧し、なんぞもって賑施《しんせ》せざらんや」と強要に近い言葉を連ね、書籍についても、兵火ですっかり焼けてしまったことを述べ、とくに贈ってほしい書目をあげている（『補庵京華前集』、五山文学新集第一巻所収）。

このときの遣明船は、文明八年（一四七六）四月に和泉の堺港を出発し、同一〇年一一月に帰国している。この遣明使には、明帝から義政に贈られた銅銭五万貫文が託されており、また遣明船三艘《そう》中幕府船は一艘であったが、これに乗り込んだ五山禅僧や土倉商人らの貿易家から、その収益の一部が幕府に収められるのであるから、この際、義政の懐は相当うるおったものと思われる。義政はさらに文明一五年（一四八三）四月にも遣明船を出している。このときも義政はまだ日本国王を称し、外交・貿易の第一線から退いてはいない。義政は明帝への書状のなかで、かれの贈品の見返りとして、とくに銅銭を要求し、「銅銭地を掃《はら》って尽き、官庫空虚なり、なんぞもって民を利せん」と記して、銅銭一〇万貫という要求高まで露骨に明示している。この遣明船は文明一八年七月に和泉の堺港に帰着している。一〇万貫文が要求通り贈られたかどうかは不明であるが、遣明船三艘中二艘の幕府船は、堺商人に一艘四千貫文で請け負わせており、このたびの遣明船からの収入も相当多額にのぼったであろう。この時期は後に述べるように、東山山荘の造営中で、義政がその経費の捻出《ねんしゅつ》に苦慮していたときであるから、このときの収入はおそらくその造営費の一部に投ぜられたものと思われる。

義政は応仁の乱以前にも、宝徳三年（一四五一）と寛正五年（一四六四）の二度遣明船を出している。寛正五年の遣明使船は派遣の途中で大乱が勃発し、帰着は文明元年八月となっている。しかし、出発前はまだ平穏な時期であったから、義政はこの遣明船が銅銭だけでなく大陸の文物を輸入することに大きな期待をかけていた。かれは、みずから明に求めたい書籍を禅僧の瑞渓周鳳《ずいけいしゅうほう》らと相談して、その書目を決定しており、また明で手に入れたい諸種の器物をわかりやすいように模様図を描かせて、これを遣明船の担当者に渡したりしている（『蔭凉軒日録』）。また朱子学者として知られる桂庵玄樹《けいあんげんじゅ》や、画僧の雪舟等楊《せっしゅうとうよう》もこのとき遣明船で明に渡っている。両人とも帰国後は京都の乱を避けて西国で活躍し、地方文運の興隆に尽くすことになる。

中国から輸入された唐物を尊重する気風は、禅僧や土倉商人だけでなく武家社会に浸透し、それは地方の国人層武士にまで及んでいた。唐物のうちでも、最も重宝がられていたのが宋元の水墨画で、これは掛絵として座敷に掛けて鑑賞されたのであり、贈答用としても価値の高いものであった。これらの水墨画を最も多く蒐集し所蔵したのが義政の宝庫であった。これは諸

（全体図）

芸阿弥筆「観瀑図」
（根津美術館蔵）

大名から贈られた品も含まれていると思うが、その多くは義満以来、遣明船によって幕府が直接中国から輸入したものであろう。義政の宝庫は、かれの側近に仕え書画骨董の知識にくわしい能阿弥・芸阿弥・千阿弥・調阿弥などの同朋衆によって管理されていた。おそらく、応仁の乱直前ころの義政所蔵の絵画の名品ばかりをよりすぐった目録とみられる能阿弥撰の「御物御画目録」によると二七九幅が数えられ、その作者は牧渓《もっけい》を筆頭に梁楷《りょうかい》・馬遠《ばえん》・夏珪《かけい》・徽宗皇《きそうこう》帝《てい》・李《り》竜眠《りゅうみん》・君沢《くんたく》など宋元の名手三〇人を含んでいる（谷信一『御物御画目録』『室町時代美術史論』所収）。

当時の絵画は唐風が風靡《ふうび》し、わが国の絵師も宋元画を画本として、これをまねることにつとめていた。そのため、宋元の名画を多く所蔵していることはそれだけで、義政に文化的な重みを加えたのである。後に述べるように、東山山荘の殿舎の障子の絵も義政宝庫の宋元画を画本として、描かせているのである。また、相模国の祥啓という絵師が文明一〇年（一四七八）に上洛して芸阿弥に学び、その縁で義政宝庫の絵画をことごとく臨摹《りんも》することができたので、三年で画業が成ってふたたび東国に帰っていったということもあった（『補庵京華続集』、『翰林葫蘆集』）。

周防の大内氏は北九州の博多港を勢力圏としており、将軍義満時代から遣明船の派遣に参画して、朝鮮との貿易にも西国諸大名の中で最も熱心で、多数の唐物を所有することで有名であった。大内政弘は応仁の乱が終わって帰国してから、周防・長門・豊前・筑前四か国守護と石見・安芸の所領を安堵された謝礼のため、義政にたびたび物を贈っているが、文明一〇年七月にも李竜眠筆維摩像の大絵を含む、唐物荷物一五個を京都に進上しており、義政はその返礼として茶道具の鑵子《かんす》（湯釜）と風爐《ふろ》を与えている。また同一三年八月にも大内氏は宋元水墨画三二幅を京都に上せて、義政に見せており、義政はそのうちから馬遠らの筆になる三幅一対を手元にとどめたことがあった（『親元日記』）。

❖父と子

文明一一年（一四七九）一一月に一五歳の成人に達した将軍義尚は判始め、評定始め、沙汰始めなどの儀式を行ない、いよいよ天下の政道をつかさどる立場を明らかにした。かれは、文明八年に室町殿が焼けたとき、一時父義政の小川御所に同居したが、まもなく室町殿の一角にあった政所執事伊勢貞宗（貞親の嫡子）の邸に移って居所とした。このとき将軍の側近に奉仕する奉公衆は、一部が義政のもとにとどまったが、大部分は分かれて義尚に奉仕することになった（『長興宿弥記』）。ここに義政とは別の義尚を中心とする、新しい権力が成長していたのである。義尚は早熟で才能も秀でていたようである。それは、歌道についてのかれの活躍のようすからも認められる。かれは公家たちに王朝時代の和歌集などの書写を依頼してこの道に精進し、かれが中心となって文明一二年ころから盛んに歌会を催している。かれの近臣のなかからも、大館尚氏・杉原宗伊《そうい》・伊勢貞頼・佐々木岩山尚宗・結城政広など歌人が多く出ている。この勢いがこうじて、文明一五年には、これまでしばらく途絶えていた「勅撰和歌集」の編集を、かれが中心となって進めるようになる（井上宗雄『中世歌壇史の研究』）。

義尚がたびたび一条兼良に政道の要旨を書き進めるよう催促したのも、かれが政道に関心を深めていた証拠であり、これにこたえて文明一二年七月に『樵談治要』が書き進められたのである。この書には義尚の後見をつとめていた富子の存在を意識して、女人の政治干与を認めているが、主眼は守護大名の専恣《せんし》をおさえ、奉行人や近習者を統御して、将軍の威勢を高めることに置かれていた。このように義尚は独立した将軍としての自覚を高めたが、義政はまだ外交・貿易の権限や社寺を統制し、これを保護する権能などを手放さないでおり、その他の政務についても、奉行衆は義政の意向をきくことが多かった。また、応仁の乱後半には、十度飲み、鶯飲みなどという酒量の競い合いを行ない、大酒に酔って憂さをまぎらせていたかれも、乱後の太平気運の高まりとともに、ふたたび世俗に深い関心を示すようになった。

義政は文明一二年七月に、自分の肖像を描かせて、これに讃語を書くように横川景三に求めた。横川は瑞溪周鳳なき後は義政が最も尊敬した禅僧であったが、前将軍の讃を書くには僧位が低すぎたので、その資格をつけるため、臨時に横川を相国寺の住持としたほどである。このとき横川が書きのこしている讃語は、四五歳の義政のこれまでの業績をかえりみたもので、朝廷をたすけて世を静かにし、一人も殺生をしないで賊を討ち、民に対しては父母のごとく慈愛を先とし、さらに俗に処しながら悟りの道を求めてついに禅宗に帰したことを述べ、最後は「和歌を詠じ月に酔い花に坐す」と結んで、義政の特長をよく表現している。ところが、この讃の初めに義政が「弓剣を帯びて東海の国を鎮む」という語がある。横川のあとがきによると、これは最初「弓剣を帯びて榑《ふ》(扶)桑《そう》七十国を鎮む」と記したが、これを見た義政が、治よりも乱が多いのに、わが国七〇国を鎮めたなどというのは実際に反するといったので、上述のように書き改めたのだという。当時、義政の力とはいえないが、東国地方では上杉定正の老臣太田道灌らの活躍で和平気分が高まっていたので、このように記すことは認めたのであろう(『補庵京華続集』、『五山文学新集』第一巻所収)。このように自分の仕事ぶりをふりかえっている義政は、まだまだ世俗への執着を断ち切っていたとはいえない。

文明一二、三年ころには、義政・義尚父子の間にも仲たがいが生じている。そのおもな理由は、義尚が奉公衆たちに擁せられて新政権の確立を急いでいるのに、義政がいっこう権力を手放そうとしないためのいらだちと、それに女性問題まで加わって感情的な対立になったのであろう。義尚は文明一二年五月に、義政に対する不満から遁世するのだといって、みずから髻《もとどり》を切り出奔しようとしたが、伊勢貞宗にとどめられ、義政からも親書を送られたので思いとどまったことがあった。翌一三年正月には、義政がまた夫人の富子と仲たがいをして、小川御所から出て夫人と別れて隠居することを表明し、正月の参賀も受けなかったが、義尚も義政に対する不平からふたたび髻を切って、参賀を受けないというありさまであった。義尚は文明一二年四月に日野勝光の娘を夫人に迎えていたが、このころ義政寵愛の徳大寺公有《きみあり》の娘を義尚がたびたび召し寄せたのが、両人不和の原因であるという噂もあった（『大乗院寺社雑事記』）。

義政が文明一五年に東山山荘に移徙《いし》して、その造営に熱中するころになると、父子の仲たがいも解消するようになる。義政は東山殿と称され、義尚もはれて室町殿と呼ばれるようになって独り立ちの将軍らしいあつかいを受けるようになり、両人の権限分担も調整される。ところが、父子両頭政治のしこりは意外に大きく、文明一七年五月には義尚を擁して新政権の確立を急ぐ奉公衆と、これまで通り義政の命令を受けて、自分らの権勢を保持しようとする奉行衆の対立抗争が爆発する。両者の抗争は表面は幕府へ参賀する際の前後を競ったことからおこっているが、実際は新将軍義尚の下でいっそう幕政への発言力を強めた奉公衆が、行政官である奉行衆をその膝下に屈服させようとした。ところが、布施英基《ふせひでもと》・飯尾元連《いいおもとつら》を筆頭とする奉行衆は義政を後盾として一致して対抗したため、両者の衝突がおこったのである（『蔭凉軒日録』、『実隆公記』）。

奉公衆数百騎は義尚の宥《なだ》めもきき入れず出撃しようとし、奉行衆もかなわぬながら防戦準備

足利義政僧体木像（慈照寺蔵）

をしたが、義政が奉行衆に諭《さと》して退散させたのでわずかにことなきを得た。布施英基は一族とともに丹波国に退去し、飯尾元連以下六〇余人の奉行衆はいっせいに剃髪して抵抗の姿勢を示すが、結局は奉行衆の敗北であった。同年一二月布施英基は義政に召し出されて上洛するが、義尚の御所に出仕したとき奉公衆のために殿中で殺害されてしまう。義政は同年六月一五日に、にわかに出家している。かれはかねて義満や義持にならって出家したい意向をもっていたが、このたびの出家は奉公衆と奉行衆の争いに基づくものだという（『大乗院寺社雑事記』）。かれは臨川寺の三会院において、横川景三を剃師に選んで僧体となり法号を喜山道慶《きざんどうけい》といった。この後義尚は幕府の威勢を張ることにつとめ、後述のように幕命に従わない六角高頼を討伐するため、奉公衆に擁せられて堂々と近江に出征する。しかし、陣中で二五歳の若さで父に先立って病死してしまう。生まれ落ちたときから義政の心の重荷となり、成人してからは感情のもつれもあったわが子ではあったが、晩年、義政の子を想う情は深まるばかりであった。この義尚の死に直面したことは、たえがたい悲しみであり、「埋木《うもれぎ》の朽ちはつべきは残りゐて、わかえの花の散るぞかなしき」というかれの歌からもその心情がしのばれる。

Ⅲ 東山文化

東山山荘の生活

❖山荘の造営

義政は文明一三年（一四八一）一〇月二〇日夜半に、これまで富子と同居していた小川御所からひそかに抜け出して岩倉長谷《ながたに》の聖護院宿坊にかくれ、諸大名たちを驚かせ、帰還するようにという後土御門天皇や周囲のものたちの勧めにもついに耳をかさなかった。かれがこのような行動に出たことを当時の人々は、大名たちが勝手に社寺や公家の荘園を横領し、乱後もこれを返すようにというかれの命令をいっこう聞き入れないのにあいそをつかしたのと、直接には富子や義尚との不和に基づくものだと推察している（『後法興院政家記』、『長興宿祢記』）。しかし義政はこのとき、これを機会にかねてから夢みている山荘の造営を今度こそ行なおうと考えていたのであろう。かれはすでに寛正六年（一四六五）に、東山の南禅寺の塔頭恵雲院の地に山荘造営をはじめていたが、応仁の乱の勃発でその計画がつぶれ、爾来十余年がたってしまった。ふたたび太平の世とはなったが政情の変化のために、かれの隠居は以前よりはいっそう隠棲的なものにならざるをえなかったが、円熟した泉水づくりの手腕を振るい、風雅な生活に身を置ける山荘造営の念願は、やみがたいものになっていたに違いない。

義政は文明一二年一〇月に山荘の候補地を岩倉や嵯峨のあたりに物色したこともあったが、結局は東山山麓の浄土寺の地に決め、文明一四年二月から山荘造営の工事をはじめた。浄土寺は比叡山の門跡寺院の一つで、先に候補地となった南禅寺の塔頭恵雲院の地とは別で、それより北方に当たっている。義政はこの東山山荘に常御所が完成して一応必要限度の生活ができるようになるのを待ちかねて、文明一五年（一四八三）六月二七日に長谷からここに移徙《いし》した。義政はこれから延徳二年（一四九〇）正月七日に没するまで晩年の七か年をこの山荘に住み、死去の直前までその殿舎や園池の作事を続けるのである。

義政はこの山荘に移り住むようになったときから東山殿と呼ばれるようになるが、これは後土御門天皇から勅をもって与えられた公称であった（『補庵京華別集』）。すでに伊勢貞宗邸からかつての義政の居所小川御所に入っていた義尚は、これから室町殿と称せられ、義政・義尚両人の居所を東府・西府と並称するようになった（『蔭凉軒日録』）。義政のこの東山山荘の後身が現在の銀閣寺である。山荘は義政の死後その遺命によって禅院に改められ、かれの法名慈照院殿によって慈照寺と名づけられた。ただ後に主要な建物の銀閣（観音堂）が遺ったところから

（慈照寺写真提供）

銀閣寺ともいわれている。この寺は天文年間の兵乱にあってすっかり荒廃したが、近世の初めに修復されて現在に至った。おもな殿舎は銀閣と東求堂《とうぐどう》を遺すのみであり、庭園も義政時代とは大きく変貌していることが認められる。しかし、銀閣寺の境内が範囲は少し狭められているとはいえ東山山荘の地であったことは確かである。

当時、山荘の付近には義政に仕える近習者や同朋《どうぼう》の阿弥衆《あみしゅう》の居宅が建てられていたが、京都の街からははるかに離れた静寂の地であった。山荘ができて間

銀閣

もないころ、奉公衆の番頭の一人であったが義政の側近にとどまって中次衆の役目をしていた大館政重が、ある夜京都から東山に帰る途中、古井戸に落ちて負傷したことがあった。また山荘裏の月待山には山鹿が棲息していて、山頂近くに造られた超然亭《ちょうねんてい》に一二頭も近よってきたこともあり、ときには山荘から野狐の声も聞かれたのである（『蔭涼軒日録』）。このような京都の片ほとりの山荘での生活が世間の注目を集めたのは、義政がこの地にこれまで積み重ねた経験を生かし、円熟した手腕で殿舎・園池の造作を集め、高度な閑雅風流生活の場を築き上げたからでもあるが、一方、当時の人々、ことに諸大名から地方の国人武士に至る武士階層が風雅な文化生活に関心を高め、義政をその道の最高指導者と仰ぎ、かれの一挙一動をもまねる気風が存したためであった。

❖造営の背景

義政が山荘に移って後、文明一七年（一四八五）に西指《せいし》庵・超然亭、同一八年に東求堂、長享元年（一四八七）に会所《かいしょ》・泉殿（弄清亭）・漱蘇《そうせん》亭、同二年に竜背橋・船舎、延徳元年（一四八九）に釣秋《きんしゅう》亭がそれぞれ完成している。また同元年には観音堂（銀閣）の立柱上棟が行なわれている。山荘庭園の作事も最初から行なわれているが、おもな殿舎が整った文明一八年ころから本格的に進められるようになる。長享二年正月に、義政に年始を賀すため山荘におもむいた鹿苑院主景徐周麟は、自由に新造の殿舎を見て回り「殿の結構眼を奪う、一時の栄なり」といっている（『鹿苑日録』）。また長享元年一二月に横川景三とともに義政に謁した蔭凉軒主亀泉集証は、山荘内を会所からはじめて泉殿・東求堂と見て回り「実に西方浄土というべきなり」と書きのこしている（『蔭凉軒日録』）。これらから、華麗なうちにも宗教的な静寂の雰囲気がただよっていた山荘のありさまがしのばれる。

山荘造営費の捻出《ねんしゅつ》は義政が最も苦心したところであるが、それには遣明船の利益をあてたり、土倉商人からの徴発もあったと思われるが、直接その経費を負担していることが明瞭なのは守護大名と山城国内の荘園領主であった。諸大名は山荘要脚の名のもとに造営分担費を出すよう命ぜられ、たびたび催促を受けている。それに応じて出銭している大名は朝倉氏景・赤松政則・土岐成頼・山名政豊などの名が知られるだけであるが、おそらく辺境地方以外の諸大名の多くがこれに応じたものと思われる。また諸国に要脚段銭を課している。安芸と石見両国に所領をもつ吉川経基や、安芸の小早川敬平ら有力国人層が、自領の段銭を直接納入しようとした場合もみられるが（『吉川家文書』、『小早川家文書』）、これはおそらく例外で、美濃国の段銭を土岐成頼が、但馬・備後両国の分を山名政豊が一括納入しているように、おもに守護大名を通じて集める国役段銭の形をとったようである（『親元日記』）。それゆえ段銭の徴収においても守護大名の力にたよったのである。

諸大名が命令をきかず勝手なふるまいをするのに腹を立てて、今後は面会も許さず隠居するとたびたびいいきっている義政が、山荘の造営費をまず諸大名にたよったのはどうしたことであろうか。諸大名にとって、義政はとにかく応仁の乱を終熄させた中心人物であり、また多少でも文化に関心を高めていたかれらにとって、義政の文雅生活は畏敬の対象でさえもあり、義政だけは頭のあがらない存在であった。先に文明一三年に義政が突然岩倉長谷の宿坊に隠棲したときに、諸大名があわてて次々と義政の消息をかれの側近者に問いあわせてきているようすからも、その一端が察せられる。義政も内心では諸大名が自分の要求を聞き入れてくれるものと考えていたのであり、それが思い通りに動いてくれないので腹を立てたのであろう。

諸大名は一応義政の要求を聞き入れて出銭し、また領国に段銭を課したが、これも文明一八年ころまでしかみられない。それは負担を転嫁させられる農民も再三の要求には応じなくなったためであろう。同年一二月には義政はすっかり機嫌を損じ、「世上のことはよろず無道のみである。自分が御内書を出したり奉書を下したりしても、みなが命令を聞き入れないので腹が立つだけである。これから後は天下の政道はいっさい存知しない」と述懐している。おそらくこれは山荘造営の費用が思うように集まらなくなったためであろう（『蔭凉軒日録』）。この後の造営費負担はいっそう山城一国に集中するようになる。しかし、諸大名が山荘造営の奉仕をすっかり放棄したわけではない。長享二年（一四八八）二月にも、越前の朝倉氏は院御所の松を山荘に引くために、侍身分千人を含む三千人を京都に繰り出して木引きに奉仕しており、同月に周防の大内氏も、義政がもし所望するならば、その所蔵する大蔵経のうち最上品の一蔵と、梵字を鋳付けた唐鐘を山荘に置くために進上したいと申し出たりしている（『蔭凉軒日録』）。

山荘の造営を終始負担させられたのは山城国内に荘園をもつ公家や社寺であり、人夫の徴発のほか普請《ふしん》料と称して銭貨の納入も命じられた。山城国は幕府の膝元で一国全体がその直轄領としての性格をもっていた上に、公家・社寺は幕府の荘園保護政策にたよっていたので、かれらはできるだけ義政の要求に応じようとつとめている。しかし累加する負担に農民が抵抗するようになり、荘園からの出費も未進が続き、それは長享元年（一四八七）ころからいっそうはなはだしくなっている。文明一七年一二月には、南山城の国人武士が中心となって集会を開いて一致団結を誓い、盛り上がる農民の力を背景として、山城国内に入り込んで戦闘していた畠山政長・義就両大名の勢力を山城国から追放し、自分たちの会議によって一国の政治を行なおうとするいわゆる山城の国一揆がおこっている。かれらは文明一八年五月に山城の守護に任命された伊勢貞陸（貞宗の嫡子）も認めようとせず幕府にも抵抗の姿勢を示している。造営費の累加に抵抗する農民の運動とこの国一揆との間にはなんらかの結びつきがあるとみられるので、

江戸時代に描かれた慈照寺の大観（『都名所図会』）

義政は山荘造営の強行によって幕府の足もとを掘りくずしていたことになるのである（黒川直則「東山山荘の造営とその背景」『中世の権力と民衆』所収）。

❖殿舎と庭園

東山山荘は東側に月待山を負っているため、西方を正面として総門を開き、ついで平中門が設けられている。その内側には現在庫裡と本堂があるあたりに、まず常御所が、その東に会所が池庭に臨んで建っていた。さらに池畔には東求堂のほか会所の南に泉殿があり、西南方に観音堂（銀閣）が建てられた。庭園は池をもつ園池と月待山山麓の部分とからなっていた。園池の南側には釣秋亭・竜背橋（橋亭）・船舎などが配置され、回遊式庭園のおこりをなしている。山麓の庭は池苑から少し登ったところ、東求堂の東方にあたる位置に湧水のある石組がみられる。これは昭和六年に発掘されたもので、漱蘚亭と称する草庵風の小亭の跡と考えられている。当時、山荘の巡覧を許された横川景三と蔭凉軒主亀泉は、この亭で休息し水を汲み手を洗い、またこれを飲んでいる。現在はここまでしか登ることを許されないが、当時はさらに登った山腹の台地に、太玄関と称する門をもった西指庵の一郭があった。この庵は東求堂とともに義政の持仏堂で、かれが一時常住したこともあった。ここからけわしい山路を登った山頂の近くには超然亭も設けられていた。

殿舎と庭園が巧みに配置され、それが一体となり山荘自体が芸術作品となっていたと思われるが、これを企画しその造営を推進したのはもとより義政に違いない。しかし、これを設計し指導監督に当たったいわゆる作者については諸説があり、なかでも相阿弥説が江戸時代から有力でそれが長く尾を引いている。現在（著者執筆当時――編集部）でも銀閣寺入口のチケットオフィスで入園者に手渡される案内紙には、ここは「義政公が相阿弥に命じて造営された」とか、「この庭は相阿弥の作で」とか記されている。相阿弥は後にもふれるように東山山荘の義政に仕えた同朋衆で、父祖以来将軍家所蔵の画軸の管理に当たり、その修理・表装や鑑定などのことをつかさどり、絵画のことについては当代の第一人者であった。かれ自身も画技をよくし連歌もたしなむ教養人で、ことに座敷飾りについての権威者でもあった。しかし、庭園や殿舎のことに関与した証拠はいっさいみられず、かれを山荘の作者ということはできないであろう。

義政は応仁の乱以前に室町殿や高倉御所の修造につとめ、ことに泉水の造営に熱中したが、このときは造園の妙手善阿弥を寵用し、設計から施工までかれにたよるところが大きかった。それゆえ、もし善阿弥が生存していれば、かれが山荘の庭園については作者と呼ばれるにふさわしい働きをしたであろう。しかし、かれは山荘造営がはじまったばかりの文明一四年九月に九七歳の高齢で死去してしまった。山荘の造営にはもとより善阿弥子弟の築庭家たち、大工の棟梁たち、殿舎の障子の絵を描いた狩野正信らの絵師、座敷飾りに当たった相阿弥らの同朋衆、また殿舎の額名を決定するのに相談にあずかった禅僧たちが参画している。しかしかれらの中から一人を作者として引き出すことはできない。むしろ、これらの人々を動員してタクトを振った義政こそ作者といわれるのに価するであろう（芳賀幸四郎「東山山荘庭園の作者について」『東山文化の研究』所収）。

義政は若いときから政治については優柔不断であったが、芸術・趣味のことになると徹底して自分の主張を通そうとし、その性格は齢とともにたかまっていた。山荘時代には天下の政道はいっさい存知しないといい張るが、造営にはこと大小となく自信をもって指図していたようである。蔭凉軒主亀泉の日記によると、義政が庭間におりて普請の進行をみまもったり、常御所の南縁に坐って、園池内に設ける亭についてその見取図を片手に指図をしているようすが知られる。殿舎に掲げる額名についても気の配り方は徹底しており、まず基準と方向を示して側近の禅僧たちから案を出させ、それらの出典ともにらみ合わせて、殿舎のもつ精神的雰囲気に最も適合するものを検討して選んでいる。さらに額名の字体やその掛け方にまで心を配っているのである。義政の持仏堂の額名が東求堂と決まるまでにも、東求・常春・愛蓮の三案が出され、さらに五案が追加されて、その中から最後に「東方人念仏求二生西方一」という典拠をもつ東求堂が選び出されたのである。この額名は、名筆家として義政に気に入られている前蔭凉軒主益《えき》之《し》集箴《しゅうしん》が老病を押してこれを書いたが、字体が細小だというので書き改めさせられている。また東求堂北向の書院の額名についても、義政の命に応じて禅僧の横川景三・亀泉集証・景徐周麟・周興彦竜の四人が相談して仁知斎などの三案を出したが、いずれも義政の意にそわず、さらに五案を追加するが、その中にあった「聖人一視而同仁」の句に由来する同仁斎が、はじめて義政の意にかなって決定したのである。山荘内の他の殿舎の額名についても、かれは同様に自分の意志を通しているのである（『蔭凉軒日録』）。

座敷飾りに使う唐物の書画や器具が最も多く蒐集されていたのは将軍家の宝庫であるが、義政はこれに対する関心が深く、さらに蒐集につとめこれを愛玩している。これが後世の数奇者から「東山御物」と称され喧伝されるものである。義政はさらに寺院や大名にときどき美術品を種別ごとに提出させて鑑賞しており、当代随一の鑑識眼をもつようになっていた。当時、中国輸入の水墨画は掛絵として価値が高く、ことに南宋の牧渓の画がわが国では尊重され、そのため偽物も多く作られ真贋《しんがん》の識別は容易でなかった。文明一九年正月に義政が相国寺の方丈を訪れたとき、客殿に将軍義持から寄進された三幅一対の画が掛けられており、案内役の蔭涼軒主亀泉が両脇の猿の図は牧渓筆、中央の布袋《ほてい》の図もまた牧渓だと説明すると、義政は直ちにこの布袋図は牧渓筆ではないといいきっている。老僧たちがみな寺では以前から牧渓筆と伝えているといっても、かれは一笑に付している。あとで相阿弥らが調査すると、外題には牧渓筆と書かれているが、この画の賛の年号と干支《えと》から牧渓のものとはいえないことが明らかとなり、義政の鑑識眼の確かさが証明されている(『蔭涼軒日録』)。

東山山荘というと義満の北山山荘が連想されるが、東山山荘が模したのは北山山荘ではなく西芳寺であり、庭園はもとより殿舎のいちいちまで西芳寺の境界が移されているのである。義政はかつて高倉御所を修造しその大泉水を造ったとき、西芳寺の幽玄な景観を移すため再三その寺に出向いているから、かれの脳裏には西芳寺の規模が精《くわ》しく刻み込まれていたに違いない。北山山荘には晴向《はれむき》の公式儀場として公家の伝統をひく寝殿(主殿)が荘重につくられていたが、東山山荘には義政が隠居生活をする奥向きの施設しか考慮されていなかった。ただ将軍義尚が病死し、まだその後継者が決まっていない延徳元年(一四八九)になって、はじめて東山山荘にも寝殿が建てられはじめたが、これは義政がふたたび将軍政務を代行しなければならぬ必要からであろう。この建物も同年一〇月に、義政持病の中風が再発したのはこの建物の方角が悪いためだというので取りこぼたれてしまった。東山の銀閣（観音堂）も西芳寺の瑠璃殿《るりでん》を模したものであったが、しかしこれはまた北山の金閣（舎利殿）の影響を大きくうけているものと思われる。義政は東山山荘の造営をはじめてからも、文明一六年一〇月と、その翌年の一〇月に続けて鹿苑寺を訪れ金閣に登っている。これはかれが仏堂と住宅を巧みに結合した池畔の楼閣に魅せられたためであろう。また義政は文明一九年六月にも鹿苑寺を訪れており、このときはかれが東山にも金閣を建てるために下見に出かけたのであろうと噂されたほどである（『蔭凉軒日録』）。銀閣は二層で金閣より規模は小さく、簡素清淡となっているが、ともに園池の焦点に建つ楼閣として共通点がある。

❖会所から書院へ

東山山荘で、常御所と肩を並べる大きな建物は会所であったが、これは義政が山荘に移ってから五年後の長享元年（一四八七）一一月になってやっと完成しており、これより先に義政の精神生活と深い関係のある持仏堂兼書斎としての西指庵と東求堂とが建てられていることは注目される。会所は仲間が寄り合って連歌会や茶会などを催すための建物で、室町時代前期に大いに発達した。はじめは平常使用している座敷を寄合のあるときだけしつらえていたのが、やがて会所として内部を荘厳にした建物が造られるようになった。これは諸大名の間に流行し、とくに将軍家の会所は立派であった。義満の室町殿（花の御所）にすでに専用の会所があらわれており、北山山荘の会所はさらに工夫がこらされ、義教の修造した室町殿内には三棟もの会所が造られるに至り、これを見学した三宝院満済が「所々御座敷荘厳唐物御かざり、言詞に及び難し、浄土荘厳も是には過ぎじと存ずる計りなり」と賛嘆しているほどである（『満済准后日記』）。

会所の内部の模様は、のちの静寂閑雅な茶室からは思いも及ばないほど派手で、舶来趣味の横溢《おういつ》したものであった。正面の本尊、両脇絵の三幅対の掛物をはじめ、室の周囲には唐絵が掛けめぐらされ、また花瓶・香炉など珍奇な唐物がところ狭しと飾られ、このような雰囲気の中で連歌や茶の会がもたれたのである。会所で催される茶の会は形のごとく茶礼《されい》が行なわれはするが、そのあとで品物を賭けて茶の産地をあてて勝負を競う遊戯的な闘茶の方に重点が置かれていた。そしてこれらの会のあとにはたいてい酒宴が続いたのである。会所はこのように将軍邸内の主要な建物となっており、義政が修造した室町殿においても遊宴・接客の場として大きな役割を果たしていた。ところが東山山荘ではこの会所をあとにまわして、静寂閑雅の雰囲気をもった西指庵と東求堂の建造がまず行なわれているのである。

月待山の山腹に西指庵が完成し、義政が常御所からここに移り住むようになったのは文明一七年四月で、ここには寝室（眠蔵《めんぞう》）も設けられ、蚊帳も用意されていた。この庵には安静と呼

東求堂（慈照寺写真提供）

ぶ書院（室）があり、そこの書棚には中国禅僧の伝記や語録などの書籍が置かれていた。この書院は義政が、死後は自分の影像を掛け骨を床下に置くように遺言したほど気に入っていたところである。東求堂は義政の持仏堂で、西指庵が禅室的雰囲気をもっていたのに対し、これは浄土教的な色彩が濃厚であった。それはこの堂の額名が決められたいわれや、仏間に阿弥陀三尊を安置し、その障子には阿弥陀を囲繞《いじょう》する十僧の図を狩野正信に描かせ、堂前の池には蓮を植えたことなどからも察せられる。この堂は文明一八年正月にはだいたいできあがっており、義政は同年六月ころからここで時を過ごすことが多くなっている。この堂の東北隅に設けられた四畳半の書院（室）が同仁斎である。

　同仁斎の北側には出文机（付書院《つけしょいん》と違棚があり、出文机には東坡文集・李白詩集など漢詩文を中心とする書籍類、硯・筆架・水入れなどが備えられ、違棚には建盞《けんさん》

同仁斎の内部（慈照寺写真提供）

（天目茶碗）をはじめ茶の道具類も置き合わされていた。後世、茶の湯のおこりを東山山荘の義政と関係づけ同仁斎が四畳半茶室の模範となったと説かれることが多い。東山山荘でも大酒宴が催されたこともあり、会所もつくられている。しかし、山荘にはいってからの義政は閑寂を愛し、西指庵・東求堂の書院での生活に重点を置いていた。書院は僧侶の書斎兼居間としておもに禅宗寺院に発達したが、これを武家住宅に本格的に取り入れたのは義政が最初であったといえる。書院でも器物が飾られたが、それは会所の座敷飾りのような華麗で展示的なものではなく、静かに書画や道具類を鑑賞するという性質のものであった。晩年の義政は酒にかわって茶を飲むことを好み、書院で客とともに喫茶することも多かったが、それは闘茶のような遊戯的なものではなく、禅寺の茶礼を取り入れた風雅な趣を生み出したもので、これがわび茶の成立に影響を与えたことも大きいと思われる。義政は茶の湯の道具類にも関心を深め、その死去の前年の長享二年（一四八九）二月にも京都中の諸禅院に通達して、由緒ある茶の湯の湯瓶を差し出させてこれを鑑賞しようとし、また指定した絵様によって新しく湯瓶を鋳造するよう鋳物師に命じたりしている（『蔭凉軒日録』）。

❖義尚の近江出征

二五歳で病死した将軍義尚の長くはない人生のうち、最も輝かしい時期は最後の数年で、それは近江出征に極まったといえる。出征の理由は、近江南半部の守護六角高頼が、押領している公家や社寺の荘園を還付するようにという将軍の命に応じなかったためである。しかし実際は、直接には近江に多くある将軍の御料所や奉公衆の所領を確保するとともに、大きな目的としては義満以来途絶えていた将軍親征を行なって諸大名を動員し、将軍の威勢をふたたび天下に示すことにあった。義尚は長享元年（一四八七）七月から出征準備を進め、同年九月一一日東山山荘に義政を訪ねて出征報告を行ない、その翌朝に出陣したのである。将軍親衛隊の第一番衆から第五番衆に至る奉公衆を率いて出陣する義尚の英姿は堂々たるもので、その出陣を見物した一人の僧は、りりしく武装して河原毛の馬に打ち乗って進む義尚の形体は神技に達した画工も描き出せないほどで、天下の壮観これに過ぎるものはないと賛嘆している。また他の僧

歌舞伎で演じられた足利義尚　美男で文芸にも通じた義尚は，江戸時代の歌舞伎の演目にもなった。（豊国画，坂東竹三郎の演じる義尚。早稲田大学演劇博物館蔵）

は、自信に満ちて左右の見送りの群衆を顧みつつ進む義尚に対して、「路人観《み》るものみな合掌し、再び天下を定め万民を安んずるのもの、これあるかな、〳〵、喜んで従うもの、勇んで跳ぶもの路をさえぎって呼喚す、真の征東大将軍なり」と記しており、当時かれの出征が、京の都市民にまで大きな期待をいだかせていたようすが察せられる（『蔭凉軒日録』、『鹿苑日録』）。

義尚が近江坂本からさらに草津の鈎里《まがりのさと》に陣を進めた同年一〇月の初めには、出兵をしぶっていた細川政元も含めて大名も多く着陣し、兵数は二万三千余に達した。高頼は本拠の観音寺城を棄てて甲賀山中に逃れ、出征は一応成功をおさめたが、支配下の国人たちの反抗は止まなかった。義尚はこれらの掃蕩戦《そうとうせん》に時を費し、京都に凱旋する機会を失って、出征から一年半後に近江鈎の陣中で歿してしまう。しかし、義尚が急いで京都に帰ろうとしなかったのには理由が別にあったように思われる。その一つは、近江出征は義尚にとって将軍として権限を振るうことができた最初であって、この機会に父義政からだけではなく、京都の小川御所に同居しかれの庇護者をもって任ずる母富子からもすっかり独立し、もとにもどりたくないという気持ちが強かったとみられる。もう一つは義尚を取り巻く奉公衆の立場である。かれらは先に奉行衆を屈服させて幕府の実権を握っており、義尚を擁して幕政の革新をねらっていた。そしてこれを行なうには、京都よりも出陣中のほうが便宜であると考えていたのではなかろうか。

義政が東山山荘にはいってからは、小川御所に母富子と同居する義尚との父子間の仲たがいは解消しており、長享元年四月に義尚が大病を患ったときなどは、義政も中風気味の不自由な身でありながら子息の病気快癒を祈念するため、みずから京都の七観音に参詣しているほどである。東山山荘と小川御所の間ではときどき来訪しあったが、義尚が東山へ出かけるときはいつも富子が一緒であった。このころの富子は以前のように政治に介入することはなかったが、その手元には莫大な銭貨を蓄積しており、東山訪問のとき手土産として二〇〇貫文を持参したこともあった。この財貨はおのずとかの女の権勢のささえとなっていた。長享元年六月、義尚は富子とともに比叡山の奥院といわれる比良山西麓の葛川《かつらがわ》明王院に参籠しているが、これも母に伴われた形である。義尚が聡明に成長したのは教育熱心な母のたまものであったが、このころの義尚は、父よりもむしろいつまでも庇護者ぶる母に強い反発を感じていたのであり、近江出征は母から解放される好機会でもあった。

義尚は和歌を中心とする王朝古典文化に理解を示し、その見識は高く周囲に与えた影響も大きかったが、近江出征のころには、さらに中国の史書や儒学の勉学に打ち込むようになっている。史記や漢書を陣中に届けさせ、また孝経や春秋左氏伝の講義を側近の奉公衆とともに熱心に受けている。これは義尚が中央官僚としての性格をもってきた奉公衆らとともに幕政の革新を志し、それをささえる新しい政治理念を模索していたものとみられる。このころ奉公衆は気勢があがっており、有力大名細川政元の勢力に対抗しても屈服しなかった。近江出征の原動力もかれらであって、この機会に幕府体制の建て直しを企図していたのである。

義政は五山禅宗寺院を統制する権限を最後まで手放さなかったが、長享二年（一四八八）九月に目を患って住持職を任命する公帖に証判を加えることができなくなって、はじめてこの権限を義尚に譲ろうとした。この事務の担当者である蔭涼軒主亀泉が証判を受けるため近江に出向くが、義尚はことさらにかれを避けて容易に面会しなかった。これは寺院側のいいなりになって寺領保護につとめたこれまでの義政の甘いやり方を改めようとする意図があったからで、義尚側近者の一人は亀泉に向かって、これまで東山殿が「寺家ヨリタラシツケラレ」ていたが、義尚がこのことに当たったならば大きな相違があらわれるであろうと広言しているほどである（『蔭涼軒日録』）。

奉公衆による幕府建て直しの意図は義尚の早逝によって挫折するが、義視の子義稙《よしたね》が将軍となると、かれらは新将軍を擁してふたたび近江出征を行なう。このときも多くの大名が動員に応じ、周防の大内義興までみずから出陣している。義稙の近江出征は一応成功して、かれは明応元年（一四九二）一二月に京都に凱旋する。しかし、勢いに乗って義稙が翌二年、畠山政長の請を入れ、その政敵畠山義就の遺児義豊を討つため河内出征を強行すると、かねて義稙の将軍継嗣に反対であった細川政元が京都でクーデターをおこし、義稙を廃し、同じく義政の弟政知の子義澄《よしずみ》を将軍につけた。細川氏らの軍勢に攻められて畠山政長は敗死し、義稙は幽閉された。このとき奉公衆も分裂して大部分のものが義稙を見棄て、河内の陣から抜けて京都に逃げ帰っている。これまで奉公衆にささえられてとにかく中央政府の体面を保ってきた幕府もここに終わりを告げ、これからは諸大名が中央に牽引されない群雄割拠の時代にはいるのである。この明応二年（一四九三）四月の細川政元のクーデターは義政の死後三年余を経過しているが、このときまでを義政時代の引き続きと考えることができる。

❖義政の死

義政の後半生の理想は「和歌を詠じ、月に酔い、花に坐す」ことであったが、それは東山山荘の生活で十分に満たされたはずである。山荘における高度に工夫をこらしたかれの閑雅風流の生活は中央の文化人を驚嘆させただけでなく、地方の人々からも畏敬の目をもってながめられた。これによって、応仁の乱ですっかり政治権力を失った将軍家も文化の府としてかえって重みを加えたのであった。しかし、隠居所の造営費を全国に賦課することには無理があり、膝元の山城国内でさえ農民の反抗にあって工事の進行は思うにまかせず、義政はたえず経費の不如意を嘆かねばならなかった。それで山荘経営の七年間は風流三昧の反面、忍耐と精進の積み重ねであったといわなければならない。そのうえかれは山荘に入ってまもなく健康をそこねて闘病生活が続き、さらに義尚に先立たれるという悲哀に遭遇するのである。

足利義政の墓（相国寺墓地）

義政は山荘に入ってから三年目の文明一八年の秋ころから中風気味となり、それに気鬱《きうつ》的な症状が加わった。それらはしだいに進行し、小便が近くなり、かれが楽しみとしている諸寺院の訪問にも小便筒を持参しなければならなくなり、また気分も天候に左右されることが多くなった。義尚が堂々と近江に出征し将軍の威勢をあげていることは義政の喜びであったが、それだけにその子に先立たれたことは病身には衝撃が大きく、茫然となった。延徳元年（一四八九）四月一〇日に義尚の葬礼が行なわれたが、その二日目の晩に中風が再発して左半身不随になってしまった。

まだ子息をもたない義尚の死は将軍後継者の断絶でもあった。将軍の候補者としては義視の子義稙がいたが、応仁の乱に西軍の主として担がれたものの子というので反対するものがあり、にわかに決着がつきそうにもなかった。そのため義政は病軀をおして、かれが最もいとうた将軍の政務をふたたびとり行なわなければならなくなった。延徳元年七月になって東山山荘ににわかに主殿（寝殿）の造立がはじめられたのも、将軍政務を行なうための晴向《はれむき》の場が必要となったためであろう。ところが同年一〇月の初めにはいっそう義政の中風が悪化し、それは主殿の方向が悪いためだというので建てかけた主殿も撤去されてしまった。義政は将軍の政務を行なうにはすでに精根が尽き果てていたのである。同月中旬になると義視・義稙父子が美濃から入洛し、東山山荘を訪れてひそかに義政に対面している。このとき義視は出家し、義稙は義政の猶子となって将軍の後継者となることが約束されたのであろう。延徳二年正月五日午後八時、義政は持病の中風が最悪の状態となり、昏睡状態が続いたまま同月七日午後四時に静かに息をひきとったのである（『蔭凉軒日録』）。

義政死去の年齢は数え年五五歳である。ところが義政死去直後の七忌辰の横川景三の法語には「春秋五十六」と書かれている（『補庵京華外集』上）。義政の側近に侍した横川が、その年齢を間違うはずはないのにこれはどうしたことであろうか。義政の年齢が五六歳であればかれの生誕は永享七年となるはずであるが、かれが実際に生まれたのは永享八年正月二日であったことは、伏見宮貞成親王の日記『看聞御記』の記事によっても明らかである。それは義政が生誕した永享八丙辰の年は珍しくも正月に立春がなく、一二月二二日に立春となるので、この年に生まれたものは年内にもう一つ春の佳節を迎えて一年に二歳となるめでたいこととされていた。義政もこの祝福をうけて生まれた最初の年から実際より一つ多く年齢が数えられていたのであった（中村直勝『東山殿義政私伝』）。

義政が東山山荘に入ったとき、夫人富子は小川御所に別居した。すでに仲たがいはみられなくなり互いに往来はしたが、最後まで心の通い合う夫婦ではなかった。富子は心のささえであった義尚とも晩年は折合いが悪かったが、かれが近江の陣で重病になると直ちに看病に出向き、死去するとあとの処置を葬礼にいたるまでとりしきり、そのため私財千貫文も提供している。葬礼のあと富子は蔭凉軒主亀泉に、今度のようなことは自分がやるべきではないが、かんじんの義政公がすっかり茫然としてしまい少しもことが運ばないので、自分が悲しみをおさえて諸事を行なったのだと述懐している。富子は翌年義政の死にあって落髪し、かれに遅れること六年あまり後、明応五年（一四九六）五月に、七宝なお庫蔵に満つといわれるほどの財産をのこして死去している。五七歳であった。

義政晩年の心境は禅浄一致にあったようにみられる。かれ自身喜山道慶という禅僧姿となっており、平生かれを取り巻くのも五山の禅僧であったが、禅浄兼修は時代の風潮でもあった。しかし、このころの義政にはとくに浄土にあこがれる気持ちが強かったようである。かれが晩年最も愛した東求堂は阿弥陀堂であり、その書院に置く書籍として、漢詩文集のほかに『往生要集』や、浄土を懐《おも》う一〇種の詩を含んだ中国輸入の『蓮室集』がとくに選ばれているのもそのあらわれであろう。かれの臨終の床には、先にもふれたように天台念仏の清僧として当時貴

月待山遠望（山下暢之撮影）

賤の尊崇を集めていた真盛上人が、禅僧の間にまじって称名念仏を唱えていたのである。

東山山荘での義政の心境は、また次にあげるかれの和歌からもおしはかられる。「くやしくぞ過ぎしうき世を今日ぞ思ふ、心くまなき月をながめて」、「日にそへて過ぎこしかたははるかにも、いやはかなしか夢の世の中」、「我が庵は月待山の麓にて、かたむく空の影おしぞ思ふ」。なかでも三番目の和歌は蔭凉軒主亀泉が長享元年一二月の日記に、東山新居における義政の名歌としてあげているもので、東山の月を詠じて残月を運命の傾いていくわが身になぞらえているのである。これは応仁の乱以前に、東山の花頂山での花見の宴で得意に満ちて作った「サキミチテ花ヨリ外ノ色モナシ」という発句と対照して、時の流れとともにかれの感情が深まっていったことが知られる。

東山文化の担い手

❖公家衆と禅僧

東山文化というのは、義政を首長と戴く室町幕府体制下の五〇年ほどを東山時代という一時期とみなし、この時期の文化をこのように呼ぶのである[1]。もとより、これらは、東山山荘で洗練された文化生活を送り東山殿と呼ばれた義政にちなんでつけられた呼称である。義政が実際に東山殿と呼ばれたのは晩年の七年間にすぎないが、一般に東山殿と呼ぶときは義政その人をさしており、東山時代とは義政の時代というほどの意味である。義政の時代は義教の独裁恐怖政治のあとをうけて、太平無事が願われ華麗な文化の花が咲いた。それにもかかわらず、応仁の乱が勃発したが、この乱から引き続いて戦国動乱の時代に入ったのではなく、京都を中心として乱後の復興がめざましい一時期があった。乱の前後で多少様相を異にしているが、義政の生存中はとにかく全国政府としての幕府の体制が存在していたのであり、政治・社会・文化などの諸動向を含めて一つのまとまった時期とみて東山時代と呼ぶことができると思われる。

東山時代の文化の担い手は義政とかれを取り巻く一群の人々だけでなく、これまでに例をみないほど各階層にわたり、広範囲に及んでいた。当時、将軍の権勢は傾いていたが、武士階層は全体として実力が向上しその円熟期にあたっており、文化的な関心も高めていた。義政の高度な文化生活も守護大名をはじめとする、武士階層の支持と追随があったからこそ脚光をあびたのである。京都に常住している守護大名や、このころ中央進出を企てていた守護代層及び将軍の親衛隊で、政治的発言力を強めていた奉公衆などは、武士階層中での文化の担い手といえるが、さらに当時は文化的情報の網の目が中央から地方に張りめぐらされ、中央の文化情報がたちまち地方に伝播しており、これを地方で受け入れる核となっていた国人武士の動向も注目されなければならない。当代文化の担い手としてはこのほか、義政の周辺に仕えた同朋衆や、新興富商の土倉・酒屋を中心とする町衆などがいる。しかし、当代最高の教養人はなんといっても公家衆と禅僧であり、かれらが東山文化にどのような役割を果たしたかをまずながめることにしたい。

当時の公家衆は政権からは実質上閉め出され、その経済基盤である荘園も武士の押領にあって斜陽化の一途をたどり、ことに応仁の乱で受けた被害は最も大きく、京都の邸宅は焼かれ伝来の文書・記録は散佚《さんいつ》させられ、困窮のため地方に流寓《るぐう》しなければならぬ状態にあった。しかし、このように追いつめられながらも、公家衆のなかには王朝古典の書写・蒐集につとめ、またそれらに注釈を加える仕事に熱を入れ、伝統文化の保持・復興に挺身するものが、一条兼良・三条西実隆らを先頭として多くみられる。東山時代は後花園・後土御門両天皇の時代で、後花園天皇は伏見宮家から入って皇統を継いだのであり、父の貞成親王はその日記(『看聞御記』)からも知られるように王朝古典の保存と復興を実践した人物で、後花園天皇への訓戒書(『椿葉記《ちんようき》』)の中でも古典を朝暮心にかけ、なによりも学問を先とするように教えている。両天皇はこの教えを受け継いで、ともに好学で文化への関心が深く、このことが公家衆に与えた刺激も大きかったと思われる。

公家衆の王朝文化復興の運動は、確かにみずからの自覚によるものであったが、武士階層などからの要請によったということもあった。当時文化に関心を高めていた武士階層は、和歌をはじめ連歌・能楽などを通じて王朝文化に憧憬し、その伝達・教授を公家衆に求めた。これにこたえることが公家衆にとっても、自己を満足させるとともに、経済的な収入を得る道ともなっていた。京都に集住する上級武士は公家衆と接触する機会があったが、なかでも義政は征夷大将軍として、武士の棟梁《とうりょう》であるとともに左大臣として、れっきとした朝臣であり、しばしば、宮中に出入りしている。ことに、応仁の乱中には院・天皇を室町殿に迎えて同居し、和歌会などを通じて公家文化に接することが多かった。平生は禅僧に囲まれ、中国から船載した唐風文化の中に身を置く一方、和歌・連歌に堪能で美的・情緒的な感覚の持ち主である義政は、王朝文化に魅せられたことであろう。かれは歌集・物語などの古典籍の蒐集・書写を公家衆に依頼しているが、みずから和歌集（『打聞』）の編集にあたった義尚は、さらに頻繁にこのことを行なっている。このような風潮は諸大名をはじめ、上級武士の間に及んでいくのである。

東山文化は、一面禅風文化だといわれるほど禅僧と密着した面があり、そのおもな担い手は五山の禅僧で、その庇護者は将軍をはじめとする上級武士であった。禅僧たちは禅の修行以上に旺盛な意力をもって、中国古典文化を学び取り、詩文を中心とする中国文雅趣味の摂取につとめたが、これが庇護者の上級武士たちの要求にこたえる途でもあった。守護大名らはすでに、室町時代前期に禅風文化を身につけており、邸内に某軒・某亭と名づけた別館を設け、ここに禅僧や知人を招いて中国の文雅趣味を満喫していた。東山時代は宋・元・明文化摂取の最後の段階にあたっており、一応の文物はすでに取り入れられていたのである。先に述べたように義政が寛正五年遣明船を派遣した際、使節に明で入手すべきわが国で欠けている書籍名や器物の模様図を示しているのも、すでに中国に対し珍奇なものだけを求める時代になっていたのである。このとき入明した雪舟が、水墨画ではもはや明で学ぶべきものがないという自信を高め、日本水墨画を完成させたことからもその一端が察せられる。

五山禅僧は文雅趣味は高めたが、宗教家としての意識は減退していき、東山時代には宗教と

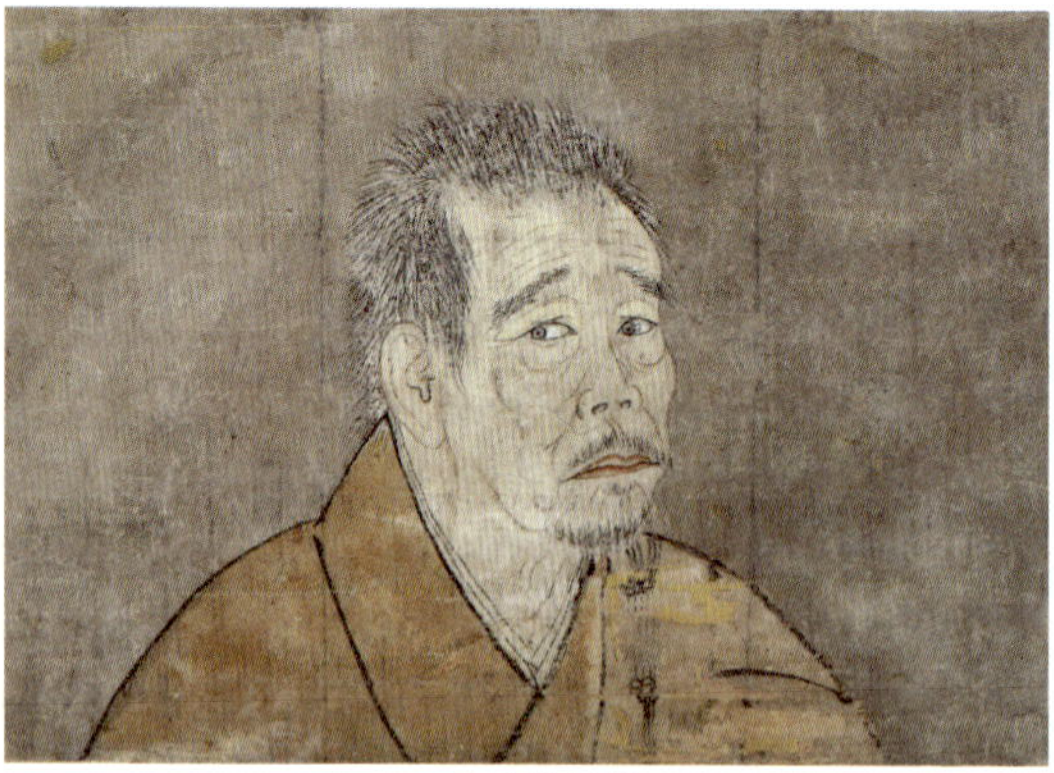

一休宗純絵像
（東京国立博物館蔵，Image: TNM Image Archives）

は縁を切った、芸術家や学者がかれらのうちからあらわれている。先にあげた画家の雪舟等楊や、還俗して二児をもうけ、吟遊詩人となって東海・関東地方で活躍した万里集九、また、肥前の菊池氏や薩摩の島津氏に招かれて朱子学を講じ、近世儒学の基礎を築いた桂庵玄樹らは、みなもとは五山の一つ相国寺の僧侶であった。五山からはずされていた大徳寺派に一休宗純があらわれ、当時の禅僧が禅家本来の姿を失い、頽廃しているのを嘆いて反逆的な情熱を燃やし、みずから狂雲子と号して奇行が多かった。しかし、かれの禅風にふれて帰依・参禅したもののなかには、堺や京都の商人などとともに、観世音阿弥と肩を並べた能楽師の金春禅竹、連歌師宗祇の高弟柴屋軒宗長など、当代芸能界の革新者の名が幾人か見出される。またわび、数奇《すき》の茶の創始者で義政の茶湯の相伴もつとめたと伝えられる珠光も、一休に参禅した一人とみられる（明応二年十三年忌奉行帳、山上宗二記）。

❖同朋衆と町衆

東山文化の担い手として義政のそば近くに仕え、その手足となって雑用をつとめ、かれの文化生活の直接のささえとなった同朋衆の存在を忘れることができない。同朋衆は高い教養を身につけていたが、なかでもおもに画軸のことをつかさどる相阿弥、立花《たてばな》のことにあたる立阿弥、香合・盆・茶碗類をあつかう千阿弥などと、担当が専門化しているものがあり、かれらはその道にかけては当代の第一人者であった。そのためかれらの中には、後世の芸能界から始祖と仰がれるものもいるのである。

同朋衆はみな剃髪し、阿弥号を称する時衆の遁世者姿であったが、義政時代の同朋衆はすでに奉公衆などと並ぶ幕府の職制の一つとなっていた。当時の同朋衆は幕府から扶持の銭貨を恩給され、手入れのとどいた小庭のある邸に住み、その地位は相当高いものであった。かれらのほとんどは世襲で、相阿弥は曾祖父毎阿弥、祖父能阿弥、父芸阿弥とその職を引き継いできたことが明らかであり、義政の御物奉行をつとめた調阿弥は、子息が成人すると剃髪させて齢阿弥と名づけ殿中に出仕させている。かれらは世職を継ぐかぎりは阿弥号を称するが、時衆の徒としての自覚がすでに薄れていたことは、能阿弥の子息で芸阿弥の弟にあたる周健蔵主《しゅうけんぞうす》が禅僧となったことや、同朋衆の一人周阿弥が死去したとき、禅院の小僧となっていた同族のものを里がえりさせてその名跡を継がせていることなどからも察せられる（『蔭凉軒日録』）。

同朋衆はこのようにすでに幕府の職制の中に組み込まれていたが、その系譜をさかのぼると、南北朝争乱期に足利氏に従って戦場にもおもむいた時衆の徒であったと思われる。南北朝時代には時衆の徒が武将に従軍することは一般の風潮で、かれらは、戦場で武将の信仰をささえ最期のときは十念称名をすすめ、また死骸の処理にもあたった。傷を癒《いや》す医術も心得ており、戦闘のないときは連歌・早歌その他遊芸の相手をつとめ、心をなごませるのを役目としていた。同朋衆という呼称のおこりについては諸説があるが、鎌倉時代から浄土教系の信徒は互いに同朋と呼びあっていたので、時衆の徒が将軍に近侍するようになると周囲のものもかれらを同朋と呼び、それが職制化したとき同朋衆という呼称ができたとみるのが妥当なように思われる（金井清光「同朋衆の一考察―諸説の展望を中心に―」『時衆文芸研究序説』所収）。東山時代にも将軍家だけでなく、諸大名にも阿弥号をもつ人々が近侍しており、赤松氏の文阿弥は山名氏との合戦で戦死している。これらも南北朝時代以来の系譜をひいているのであろう。

時宗は宗教としての全盛期は南北朝時代ころまでであったが、芸能方面と結びついて室町時代においても多くの庶民をひきつけていたのである。没落武士・河原者などその出身がまちまちであっても、ともに時衆の遁世人として生きることができたかれらは芸能方面で身を立てるようになり、この時代には時衆の徒で連歌・猿楽・田楽・築庭・医術などの芸能や技術の方面でその名を知られるものが多かった。かれらの中には猿楽師音阿弥や築庭師善阿弥のように、義政の愛顧をうけたものもあった。すでに職制となっていた同朋衆も、もとは時衆の徒として同じ基盤から生いたったものであり、中央的で洗練されたとみられる東山文化も、この点からみてもその裾野がひろがっていたことが知られる。

義政の同朋衆で最も名を知られているのは能阿弥・芸阿弥・相阿弥の三阿弥であるが、能阿弥は文明三年（一四七一）、芸阿弥は文明一七年（一四八五）に死去しているから、東山山荘の造営にもっぱら関与したのは相阿弥であった。しかし、先述したように相阿弥は庭園や茶湯のことには直接あずかっておらず、この家系は能阿弥以来一貫して画軸についてのいっさいをつかさどっていた。宋元水墨画の粋を集めていた幕府の官庫を預っており、それらを自由に手本とすることができたので三人はすぐれた画家となっていた。能阿弥・相阿弥は連歌も堪能で、ことに能阿弥は「宗匠」と呼ばれたほどで、文正元年（一四六六）正月、義政が山名宗全邸に出かけて発句《ほっく》をつくったときも「義政公の句はいつも奇絶だ」と批判を加えている。このようなことがいえるほど、かれはこの方面でも重みをもっていた。

室町時代は生花の贈答が盛んで、ことに七月七日の七夕には上級階層では知人や部下から贈られた草花を花瓶に立て部屋一杯に飾る風習があった。義政は七夕だけでなく、季節ごとの花を贈られることを好み、かれから院に花を献じていることもある。

相阿弥筆瀟湘八景図屏風（メトロポリタン美術館蔵，ALamy 提供）

応仁の乱前の文正元年（一四六六）二月、義政は相国寺の蔭涼軒に出向いたとき、奉公衆らに命じてここに梅花を献じさせた。長廊下まであふれた梅花から発する高い香りに、風流の煩悩がうつぼつとおこると、蔭涼軒主季瓊が感激してこのことを記している。ところが東山山荘に入ったころからの義政は、けんらんとした花よりは一瓶に立てた花を静かにめでる境地になっていた。このころ立花のことにあたったのは同朋衆の立阿弥と台阿弥で、立阿弥はことに寵用されて義政の御伴衆にも加えられている。薄紅梅一枝、深紅梅一枝、水仙花数茎が義政に献ぜられたとき、立阿弥はたまたま腹痛であったが、無理に召し出されてこれを立てたがそのできばえがよく面目を施している。また、三頭の蓮花一朶《だ》、仙翁花二〇茎が献ぜられたときは台阿弥が命ぜられてこれを立てたが、義政は蓮花には水を入れておくようにとこまかい注意を与えている（『蔭涼軒日録』）。

室町時代の中ごろ伏見宮邸でも毎年七夕には座敷飾りをし、そこに六、七〇の花瓶を並べて草花を立てていた。永享五年（一四三三）の七夕には草花が足らなかったので、草花のかわりに平気で「異形の物」などを立てており、そこには今日のオブジェを連想させる自由さがみられた（『看聞御記』）。立花はもともと会所の座敷飾りの一部にすぎなかったが、東山時代になると花瓶に草花を立てたり挿したりする様式が、仏前の供華の技法なども取り入れて整い、これを芸術として鑑賞するようになった。すでに長禄・寛正期に京都に六角堂池坊の専慶もこの

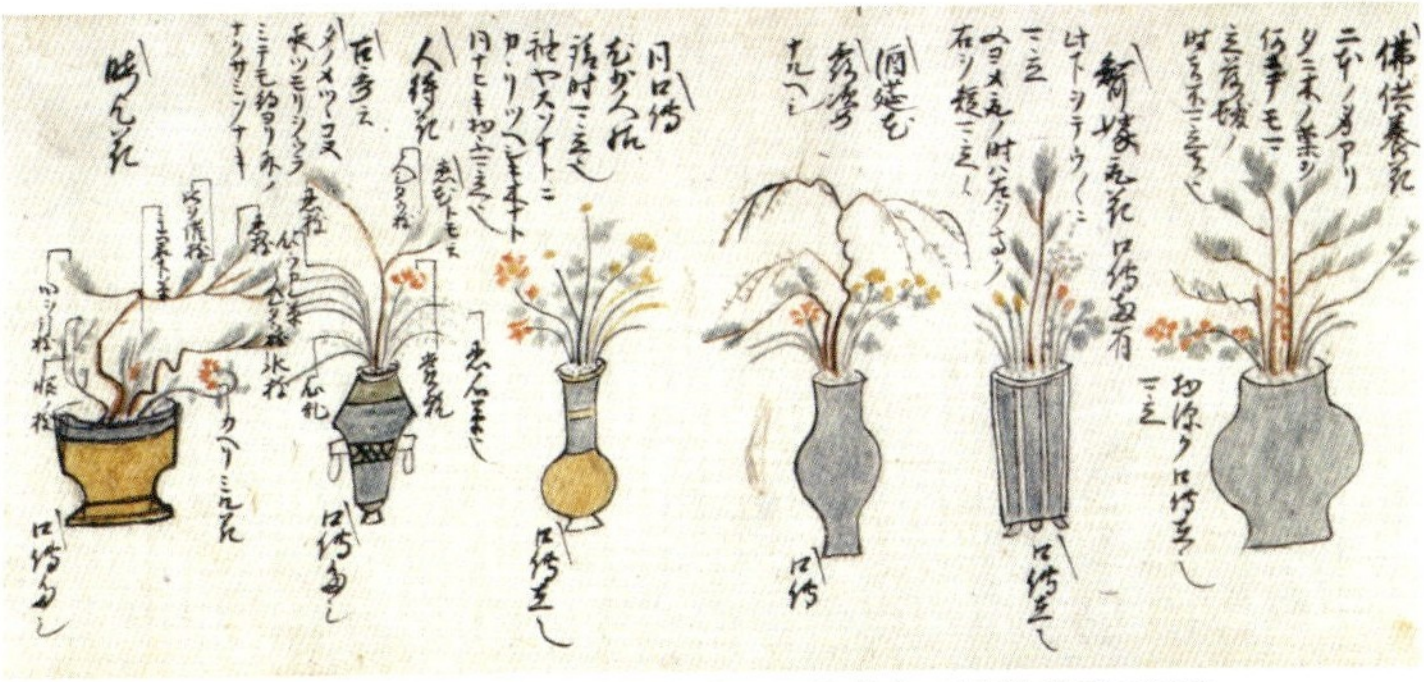

立花の図（『花王以来の花伝書』，華道家元池坊総務所蔵）

道で名を知られており、義政の奉公衆の一人宇賀野春公（高春）の庇護を受けている。寛正三年（一四六二）二月に春公が専慶を招いて花草を金瓶に挿させたときなどは、洛中の好事家がそれをみるために春公の私邸に競い集まるという状況であった（『碧山日録』）。

義政とは直接のかかわりはもたなかったが、京都及びその周辺の土倉・酒屋を中心とする町衆も当代文化の担い手ということができる。土一揆からたびたび攻撃をうけながらも、富を増していった土倉・酒屋からの役銭の収納が幕府財政の大きなささえであった。その収納事務にあたり、対外貿易にも関与し幕府の金庫を管理したのが正実坊など数名の有力土倉からなる納銭方一衆であり、かれらは政所執事の伊勢氏の支配下にあった。それで、間接ではあるが、義政の東山山荘における経済生活の一部をささえたのは土倉・酒屋たちであったといえる（豊田武『日本商人史』）。

有力な町衆はみずからも教養を高め風雅な生活を望むようになっていた。応仁の乱以前の寛正三年（一四六二）のこと、東福寺の大極蔵主は京都の町内にある富裕人の邸を訪れたが、その門ははなはだ狭く、身を斜めにしてやっとはいれるほどであるが、奥座敷はみな良材嘉木で造られ、四壁には山水画が描かれ、また牧溪筆の群鳥図が掛けられ、唐物の道具類も立派であり、そこで宇治茶を煎《せん》じて接待されたのである（『碧山日録』）。また義政の死後まもないころのこと、近江坂本の徳蔵と呼ばれる酒屋には、後園に洛中でも見られないほど華美で炉も切られた座敷が造作されていたし、堺の貿易商池長新兵衛尉の邸内には、千里万里の景を一目で眺められるような亭が設けられていた（『蔭凉軒日録』）。この時代はまだ貧しい町衆にも富裕人に成り上がれるという自信と希望があった。町衆の多くを読者にもっていたとみられる御伽草子《おとぎぞうし》のなかに、「文正草子」「猿源氏草子」「福富草子」などのように、貧しい身から富裕人に成り上がり、大名にも負けないほどの貴族的教養と風雅な生活を獲得する話が多いが、これらは、かれらの向上を願う心意気を反映しているのであろう。東山文化の基底に、このような新興商人のエネルギーが存したことも忘れてはならない。

❖上級武士

ここでいう上級武士とは、守護大名・守護代層及び将軍奉公衆をさし、いずれも中央と関係の深い人々である。室町時代の守護大名は、将軍義満時代の終わりころから鎌倉府支配下の東国一〇か国と九州地方を除いて、中央地帯のものはみな京都に屋形を構え常住するよう強いられ、特別な事情がなければ領国に下ることが許されなくなっていた。しかし、守護大名にとっては、京都常住を強制されるかわりに幕府の政治に参与することが許され、中央の商品流通経済に接することができた上に、高度な文化生活を享受できる魅力もあったのである。室町殿は守護大名にとって、政治に参与する場所であるとともに文化的サロンでもあった。ここで毎月催される和歌会・連歌会で競いあうことによって王朝文化に対し憧憬を深めるとともに、将軍義満・義持の感化もあって五山禅僧と親交して中国の文雅趣味の吸収にもつとめた。室町時代前期は守護大名がそろって政治力・経済力を充実するとともに、文化教養を高めた時期であった。北山文化のおもな担い手は守護大名であったといえる。

東山時代は北山文化をささえた守護大名たちの子、または孫の世代にあたっている。京都での生活を二代・三代と重ねてきたこの時代の守護大名たちはみな一応の教養は積んでいたが、かれらの父祖が北山文化を担ったように、かれらも東山文化のおもな担い手だとはいえなくなっている。かれらの中には、細川成之・大内政弘のように東山文化人を代表するような人物もみられるが、一般にはこの時代の守護大名は、その父祖に比べて文化活動や人物の幅においては見劣りがするのである。東山時代の両雄細川勝元と山名宗全をながめてみると、勝元はさすがに和歌・絵画・医学など趣味は広く、妙心寺の義天・雪江両師について禅の精神の会得につとめるなど、多彩な文化的動きがみられはする。しかし、祖父の満元が高度に禅風文化を身につける一方、和歌を淫《いん》するほど好んで連日歌会を催し、歌書の蒐集・書写に熱中しながらも、天下の政治を掌握し幕府に重きをなしていたのと比べると、勝元の矮小化《わいしょうか》が目だつのである。さらに宗全とその父時凞《ときひろ》との間には雲泥の差がみられる。時凞はいちど幕府から追討を受けた身ではあるが、後ながく幕政の中心となった人物で文化面での活動も幅が広い。多くの五山禅僧と交わり、みずから漢詩もつくるほど中国文雅趣味に徹するとともに、室町殿での和歌会・連歌会にはいつも主要メンバーに選ばれるほどこの道にも才能があり、猿楽はもとより当時庶民の間に盛んであった風流踊《ふりゅうおど》りまで手がけている。これに比べて、宗全はわずかに連歌をつくったことが知られるくらいで、文化活動にはほとんどみるべきものがない。

しかし、当代の守護大名の中にも横川景三から「風流は我州に冠たり」と賞賛されている細川成之などもいる。かれは応仁の乱の東軍きっての勇将であったが、文化面でも和歌・連歌に堪能で、ことに禅味を帯びた水墨画を描いては玄人《くろうと》の域に達していた。勇将であった成之も文明一〇年息女の死にあうと出家の情やみがたく、翌年正月部下たちのとめるのもきかず、一衣一鉢の野衲《やのう》の姿となって回国の旅に出て、伊勢・紀伊をめぐった。一年余にわたる行脚《あんぎゃ》を終えて京都に帰ったかれは、この旅の収穫だといって無形（空白）の画軸を横川に示し、これに応ずる詩とその序を求めた。横川もまた序のみで詩を欠いた無声の詩でこれに答えている。これは成之が東山文化の高度な一面である空の芸術の境地に達していたことを示しているが、しかし、そこには北山時代の守護大名たちが粗野で乱雑であっても幕政に参画しながら活発な文化活動を行なっていたのと比べて、たくましさが失われている（画山水詩并序『補庵京華後集』、芳賀幸四郎「空の芸術」『東山文化の研究』所収）。

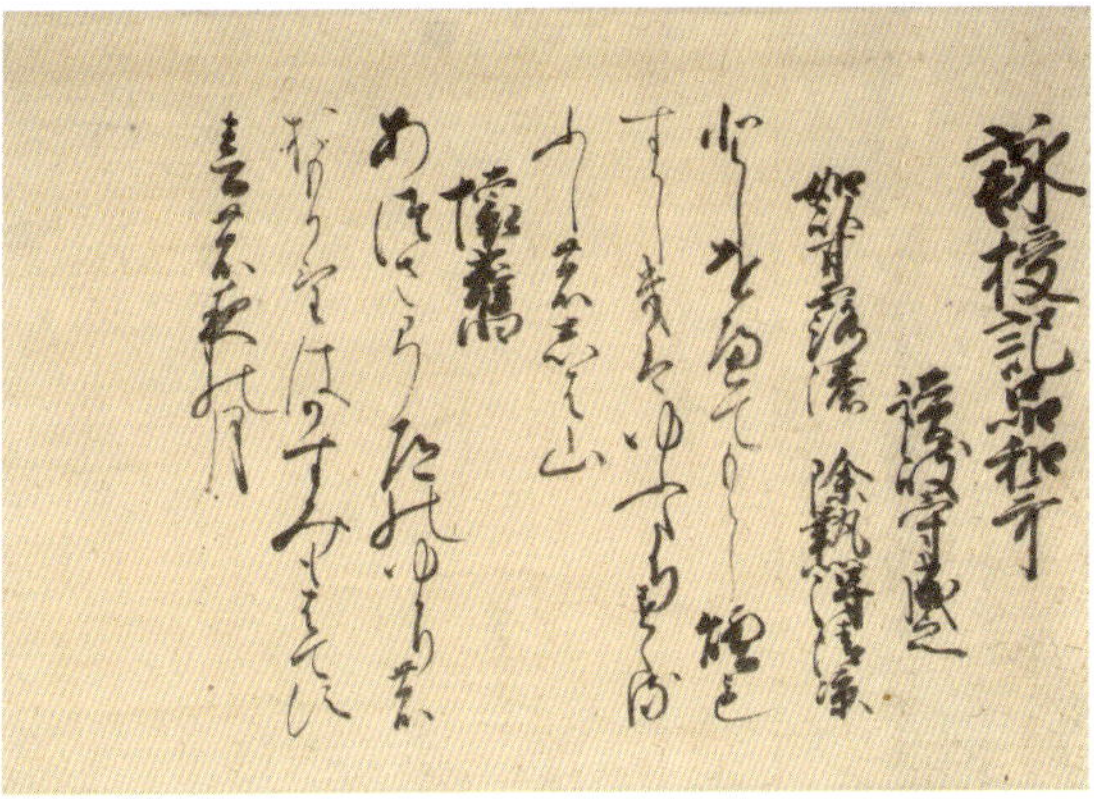

細川成之自筆詠草（徳島県立博物館蔵）

たくましさを失った守護大名にかわって東山文化に活気を与えたのが、政治・経済力でも主君をしのぐ実力をもってきた守護代層であった。なかでも近江の多賀高忠、越前の朝倉孝景、美濃の斎藤妙椿、播磨の浦上則宗など畿内周辺の守護代層は、主君を掩《えん》護《ご》するため京都に乗り込んで政治策動を行ない、中央の文化に接する機会が多かった。しかし、かれらはまだ文化の担い手というよりは経済力による文化の庇護者とみなされる。一度中央との結びつきができたかれらの城下には、公家・連歌師・猿楽師などが続々と下向している。先にもふれたように一条兼良も文明五年に美濃の斎藤氏、文明一一年には越前の朝倉氏の城下に出向いている。美濃で妙椿の居城にはいり、その猶子利国の館を訪れたときのようすを、兼良は「武具どもならべなにごともあらばすなはち打立べき用意也、さりながら又風月歌舞の道をもすてざると見えたり」と記している（『ふぢ河の記』）。これらの城下は戦闘準備に緊張しながらも文事を忘れておらず、中央文化が地方に拡散する拠点となっていた。

奉公衆は、義満時代から将軍の親衛隊であった御番衆が中心となって構成されており、義政時代にはかれらは政治的発言力を増し、互いに抗争する守護大名にかわって幕府のささえとなっており、東山文化の担い手としても武士階層のうちではかれらを第一にあげなければならないであろう。奉公衆はその出身がまちまちで、義政の幼少のときからその老宗の臣として仕え、応仁の乱が勃発したときは将軍の中立を守るために命をかけた大館持房の出た大館家は、東・安東・小串氏らと同様鎌倉時代以来の名家で、一時没落していたのを足利氏の側近に召し出されたものである。持房は弓馬の芸と和歌の達人であったが、この両道の習練が将軍の側近に仕えるものの必須の条件とされていた。持房の長男は早逝したが、次男教氏はまた歌人として知られ、義政が催す和歌会にはいつも出席し父の名声をおとさないものとほめられている。持房の嫡孫政重は東山山荘の義政に近侍してその文化生活のささえとなり、教氏の子尚氏は将軍義尚に仕えて権勢があり、歌人としてもその名を知られている。また持房の末子には五山文学者の景徐周麟《けいじょしゅうりん》がいる（『大館持房行状』）。

『古今和歌集』の研究家で「古今伝授」をはじめたことで知られている東常縁《つねより》も、奉公衆の一人であった。かれの父益之（素明）、兄氏数（素忻《そきん》）もともに歌人で、当代歌壇の雄正徹と親交があり、益之はまた嘉木・珍石を愛した好事家でもあった。さらに常縁の伯父には江西竜派・慕哲竜攀《ぼてつりゅうはん》、弟には正宗竜統、子息には常庵竜崇という五山文学者が輩出しており、一族欝《うつ》然《ぜん》として文人としての名が高かった。また奉公衆には、歌人で数奇者の畠山持純や佐々木岩山尚宗（道堅）などのように、守護大名の庶家（分家）から出ているものがあった。先に池坊専慶の庇護者としてその名をあげた宇賀野春公（高春）も、佐々木京極氏の庶流である。かれは東山の私邸内に寛心斎と呼ぶ閑雅な亭を建て、ここに賓客を迎えている。かれと交際のあった文化人としては専慶のほか東福寺の大極蔵主、儒者の清原業忠、歌人の飛鳥井雅親らなどがあった（『碧山日録』）。さらに奉公衆の中には、地方にまとまった所領をもち国人領主として成長しておりながら、その当主が中央に出て義政に奉仕しているものがあるが、これは次項でふれたい。

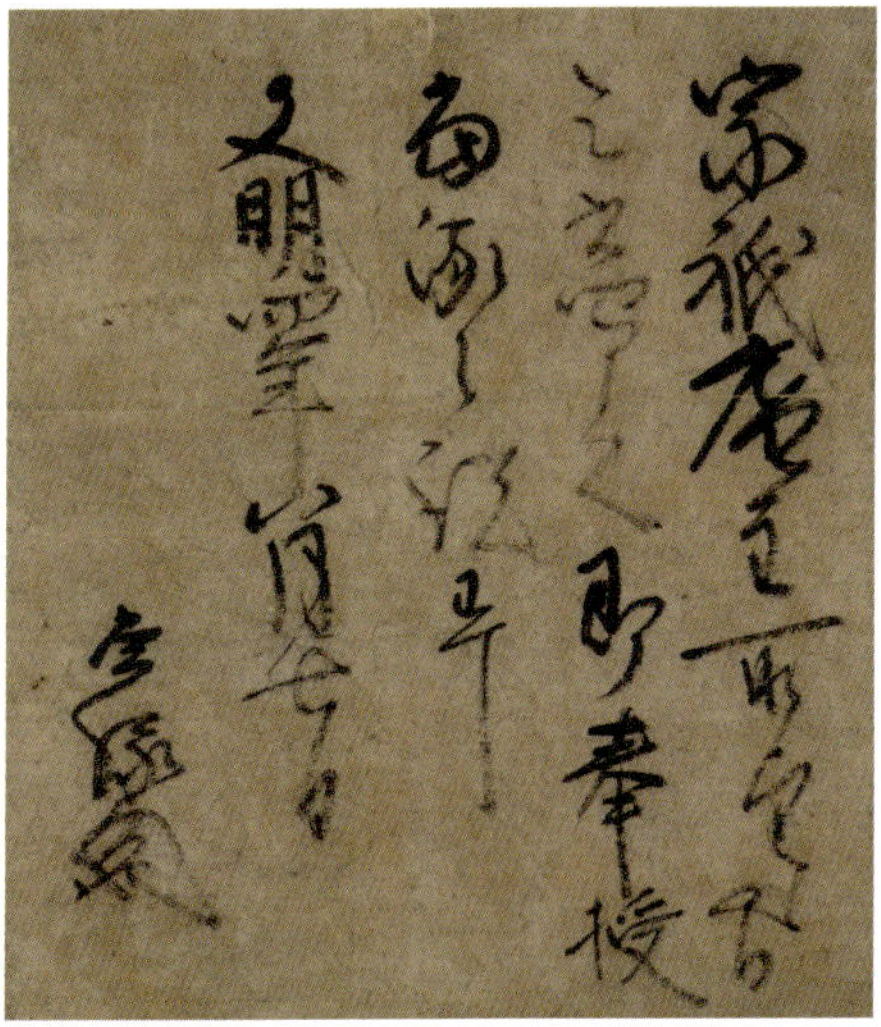
東常縁自筆『古今伝授書』（東京国立博物館蔵，Image: TNM Image Archives）

❖地侍と国人層

将軍の文化的サロンには直接関係をもたなかったが、東山文化の中央での担い手として、京都周辺の郷村に地盤を置きながら京都と密着した生活をしていた地侍や、守護大名の没落や内紛によって主家を離れて京都に集まった牢人武士の存在も忘れてはならない。また地方においても、実力をもった在地領主として文化的欲求を高め、絶えず中央文化に目を向けていた国人層の働きがあったからこそ、東山文化が全国的な幅広い性格をもつことができたのである。

京都周辺の郷村には、一般農民と行動をともにしながらも身分的には地侍として区別される階層が成長していたことは先に述べた。かれらは武装して在京の守護大名や将軍奉公衆の被官人となって仕えるものもあり、また経済活動も活発で、土地を買い集めるとともに京都の土倉から借銭する機会も多かった。そのため、しばしばおこる土一揆の主謀者もおもにかれらの中からあらわれている。地侍は経済的にも余裕があり、郷村を超えて視野も広く、京都の雰囲気に接することも多かったので、中央文化のまねごとではあったが活発な文化活動を行なっている。

狂言の種目、小名物にみられる小名はこれらの地侍の姿をうつしたものと思われる。かれらは近隣のあちこちで催される茶湯・連歌・立花などの寄合《よりあい》にせっせと出かけている。また『文正記』という書物は、応仁の乱直前の文正元年（一四六六）九月に、五山系統に属さない林下《りんげ》の禅僧某がおもに斯波氏の内紛について記録したものである。この書物の初めのところに「凡《ぼん》下《げ》の者（侍に属さない庶民）、税賦を抑留し、公道を蔑如し、農業を棄て、武芸を習い、系図を買いみずから侍と称して、蹴鞠《けまり》・閑射し、逍遙の余、鵜・鷹・鶯・和歌・兵術を翫《まな》び」しだいに地位を高めて、徳政一揆の張本となることなどを記している。これも文化教養で身づくろいをしていた当時の地侍の一面を物語ったものである。

主家の奉公を放たれ、給与の道も断たれて牢籠する武士を牢人というのであるが、この牢人が集団的に発生し、政治・文化の上で問題を投じたのは東山時代が最初であったといえる。地侍がいちど主家に奉公して後牢人となったものもいたが、れっきとした武士の牢人も多かった。河内の楠木氏の遺臣や、南大和の武士などの南朝牢人も残存していたが、多くの牢人を生んだのは義教の独裁政治であった。赤松氏など没落大名の家臣や、斯波・畠山氏など内紛で当主の交替した家の家臣から牢人が多く生まれた。かれらの中には、主家の再興や当主の復活を幕府にはたらきかけるために京都に集まるものがあった。また、かれらは時衆の徒や隠者に姿を変えて文化活動に従ったものもあり、当時、京都に多くみられる好事家と呼ばれる人々の中にもかれらが含まれていたであろう。また赤松牢人の石見太郎左衛門尉のように、身につけた教養をもとでに堂々と公家の三条氏、歌壇の雄飛鳥井雅親や、先にふれた奉公衆の宇賀野春公らとも親交を結び、それらの縁によって義政から条件付きではあるが主家再興の約束を取り付けた人物もいる。その条件というのは嘉吉三年（一四四三）に南朝の遺臣が内裏を襲撃して吉野山中に持ち去った神璽《しんし》を奪回することであったが、同赤松牢人の間島・上月《こうづき》氏らが長禄二年（一四五八）についにこれを実行して赤松氏は再興されている（『碧山日録』、『嘉吉記』、『上月記』）。

国々にあって、その名の通った国人層はすでに在地領主として実力を充実させており、地方における東山文化の担い手であった。しかしかれらの中には、先にもふれたように地方に深く根をおろしながらも当主（惣領）が京都に出て奉公衆となっているものがあった。筑前の麻生《あそう》、石見の佐波、安芸の小早川、備後の宮・杉原、備中の陶山《すやま》、紀伊の玉置、若狭の本郷、越前の波多野、三河の中条氏などがそれである。かれらのうち、安芸国の沼田荘をはじめ同国東南部に大きな所領をもっていた小早川氏を例にとってながめてみよう。小早川氏ではすでに則平が将軍義持に近侍しており、義政に奉公したのは則平の孫敬平であった。敬平は東山山荘の義政に仕えており、東求堂の造作にも参画して寸暇もないほど多忙をきわめ、額名が決定してからもその文字を義政の気に入るように書かせる用務を帯びて、能書家益之集箴のもとへ再三使いしている。それからまもない天気快晴のある日、蔭凉軒主亀泉が東山山荘を訪れると、義政が庭園内に新たに設ける亭の指示に熱中している側の番所で、敬平は他の二、三人の近習者たちと、義政が指示している亭の指図（見取図）を囲んで話し込んでいたこともあった（『蔭凉軒日録』、『小早川家文書』）。

敬平は義政から伊勢国で将軍御料所一か所を預けられているが、一般に奉公衆が御料所を経済のよりどころとしているのと違って、小早川氏はそれにたよらなくてもよいほどの分限者《ぶげんしゃ》であった。むしろ、敬平の在京は領国の家臣や領民に経済的負担をかけたが、それにもかかわらず、かれが義政に奉仕の労をいとわなかったことは、将軍家に親近することが領国の支配に好結果をもたらすと考えられたからであろう。このような国人領主の在京は、領国との往来を頻繁にし、このルートで都の文化が直接地方にもたらされたであろうと思われる。文明一二年、連歌師宗祇は九州の旅に出て、筑前国若松の浦で領主の麻生兄弟に迎えられているが、この二人はそのころ国もとに帰っていたが、奉公衆なので都のことをなつかしがり、その物語をこまやかにして連歌会を催している（『筑紫道記』）。

国人層は右にあげたような奉公衆となって中央に直結しているものは例外で、そのほとんどは守護や守護代の支配下にはいって地方に生活の根をおろしていた。しかし、地方生活者のなかにも近江の小倉実澄、同蒲生《がもう》智閑、肥後の相良為続、武蔵の太田道灌などのように、文人として当時都にまでその名を知られている人々もあった。また、あまり名を知られていない国人層の中にも、東山文化の地方における担い手を往々に見出すことができる。たとえば尾張国の岸日向守浄璵もその一人であるが、かれは万里集九の詩集『梅花無尽蔵』によってはじめて知ることができる人物である。応仁の乱後、美濃国で還俗生活にはいった集九は、文明一七年（一四八五）から太田道灌に招かれて関東に出向くが、それより前に美濃・尾張の武士たちと交遊しており、岸浄璵との親交を深めたのもそのころである。

浄瑱は和歌に堪能で、柿本人麻呂の絵像に万里の賛を求めたこともあったが、その他の雅芸も一〇のうち八、九をきわめているほどの多芸の人であった。その館のうちに泰枕亭という建物があり、園庭には苔がいっぱいあって波を打っているようであった。その亭の一室には弾月という扁額が掲げられており、床上にはただ弦の断たれた琵琶《びわ》が置かれているだけの清閑なものであった。万里は浄瑱をまた弾月翁と呼んで交情を深め、しばしばその室を訪れていたが、浄瑱は文明九年（一四七七）に死去してしまった。万里はこれを悲しみ、詩とその序をつくってかれを弔っている（『梅花無尽蔵』第一、同第六）。浄瑱の泰枕亭は東山山荘のミニアチュアであり、しかも山荘より以前につくられていたのである。

安芸の国人吉川経基《つねもと》は応仁の乱に東軍に属して上洛し、鬼吉川とうたわれたほどの武名をあげた人物であったが、かれの子孫に当たる岩国の吉川家には、かれがみずから書写した『古今』『拾遺』『詞華』の三和歌集をはじめ朝山梵灯庵の年中日発句、宗祇の老葉《わくば》、また他の禅僧の筆も混っているが『元亨釈書《げんこうしゃくしょ》』などが伝存されている。これはおそらく帰国して以後の長享・延徳年間ころの書写で、かれは教養を求める情熱をかきたてられ、都となんらかの連絡をとってこれらの原書を借用して書写したものであろう。当時、古典の蒐集・書写の気運は経基に限らず地方武士の間に高まっていたのである。

長享二年（一四八八）に武蔵の国人武士飯沼弾正左衛門尉の被官藤倉次郎左衛門尉というも

のから、京都の西芳寺に鯉魚の図が返送されてきた。この図はもと同寺の瑠璃殿《るりでん》の鯉の間に掛けられていたのが応仁の乱中に紛失したものであった。藤倉は自分が絵画を好んで描くのでこれを手に入れて保管していたが、機会をみつけてこれを西芳寺に送り返したのである。また関東の扇谷上杉定正が、延徳元年（一四八九）にその養子朝良に与えた訓戒状の一節によると、定正は朝良の生活態度のゆるみを心配して、その日常雑談のようすをさぐらせたところ、朝良の周辺では京都からやってきた牢人の面々から、中央歌人の招月庵（正徹・正広・正般）の和歌や手跡、心敬・宗祇の連歌、五山の有様、観世・今春能の仕舞、その他洛中の人々の動静や名所などについて、つぎつぎと尋ねて雑談にふけっていることを知り、その緊張の不足を戒めているのである。しかしこれらから、地方武士の目が京都に向けられており、中央からの文化的情報にかれらが絶えず気を配っていたようすが察せられる。

このような文化的情報の媒介者としては、文化人の中央から地方への下向だけでなく、地方人の伊勢参宮、熊野詣、西国観音三十三か所巡礼など物詣の盛行もあずかっていたと思われる。諸国からの物詣はほとんどが京都・奈良にも立ち寄っていた。東山時代は政治・社会面ではすでに分裂・抗争がはじまり、戦国割拠に入る直前の時期であったが、文化面では中央の文化情報を共通に受け入れ、精神文化の上でわが国が全体としてのまとまりをもった時期であった。政治の失敗者であった義政が一応の権威を持続することができたのも、文化が重んじられた時期であったためである。いちど文化的統一ができていたからこそ、それに続く長い戦国時代も人々は分裂抗争は平常な状態でなく非常事態であり、やがては天下一統のときがくることを期待できたのであった。

足利義政年譜

西暦	日本暦	年齢	年譜	文化関係
一四三六	永享八	一	正月二日、義政出生。	
四一	嘉吉元	六	六月、父義教、赤松満祐のために殺される（嘉吉の乱）。兄義勝、足利氏の家督を継ぐ。 八月、徳政一揆おこる。 九月、満祐討たれる。閏九月、幕府徳政令を出す。	
四二	二	七	六月、畠山持国、管領となる。	
四三	三	八	七月、義勝没し、弟義政跡を継ぐ。	
四五	文安二	一〇	三月、細川勝元、管領となる。 九月、南朝の遺臣ら内裏を襲い、神璽を奪い去る。	
四六	三	一一	一二月、義政、幼名三春より義成となる。	
四七	四	一二	七月、徳政一揆、洛中に乱入。	
四九	宝徳元	一四	四月、義政、元服し将軍となる。	
五一	三	一六	一一月、遣明船、兵庫を出発。 同月、義政、赤松氏のことにより、山名宗全を追討しようとする。	
五三	享徳二	一八	六月、義成を義政と改名。	
五四	三	一九	四月、畠山氏に内紛がおこる。 九月、幕府、土一揆に強要され、徳政令を出す。	
五五	康正元	二〇	三月、畠山持国没。 八月、日野富子、義政に嫁す。	

一四五七	長禄 元	二二	四月、太田道灌、江戸城を築く。 一二月、幕府、土一揆に強要され徳政令を出す。 同月、義政、弟政知を関東に派遣（堀越公方）。	長禄年中に、伊勢貞親、家訓を書く。
五八	二	二三	一一月、赤松氏、再興を許される。	九月、大極蔵主、義政の政治批判五か条を記す『碧山日録』。
五九	三	二四	正月、側室御今参局没。 一一月、室町殿（花の御所）完成。 この年、天候異変おこり、飢饉はじまる。	一一月、赤松牢人石見太郎右衛門尉、山名氏の刺客に殺される。
六〇	寛正 元	二五	二月、義政、後花園天皇から諷諫の詩を受ける。 この年、飢饉・疫病が続発し、七条道場の願阿弥、その救済のため活躍。	
六一	二	二六	この年、京都の餓死者八万二千人に及ぶ。	一一月、義政、七条道場に詣ずる。
六二	三	二七	一〇月、多賀高忠、所司代となる。 一一月、日親が肥前から京都に拘引される。	二月、池坊専慶、宇賀野邸にて金瓶に花草を挿す。 六月、義政、小栗宗湛に命じ、高倉御所の障子に絵を描かせる。
六三	四	二八	四月、河内国嶽山城陥ち、畠山義就紀州に逃れる。 八月、義政の母重子没。	
六四	五	二九	四月、糺河原に勧進猿楽興行、義政、これに臨む。 九月、畠山政長、管領となる。 一一月、義政、弟浄土寺義尋（義視）を養嗣子とする。	
六五	六	三〇	一一月、義尚出生。	三月、義政、花頂山大原野に盛大な花見の宴を催す。 一〇月、義政、東山南禅寺恵雲院を山荘造営の地と定める。

一四六六	文正 元	三一	七月、義政、斯波氏の家督争いに干渉し事態悪化する。九月、伊勢貞親、追放される。嫡子貞宗、跡を継ぐ。一二月、畠山義就、義政から赦免されて上洛。	三月、義政・富子夫妻、伊勢参宮。九月、『文正記』ができる。
六七	応仁 元	三二	正月、畠山義就、政長、上御霊社に戦う。五月、山名宗全方の西軍と、細川勝元方の東軍激戦（応仁の乱おこる）。六月、東軍、義政から将軍旗をうける。同月、東軍の足軽、西軍の大井楼を焼き払う。八月、天皇・上皇、乱をさけて室町殿に移る。同月、義視伊勢に逃る。一〇月、相国寺の戦い。	正月、遣明船博多発、桂庵玄樹・雪舟入明。同月、観世音阿弥没。八月、横川景三、桃源瑞仙とともに近江に避難。
六八	二	三三	九月、義視、伊勢から上洛。一一月、義視、西軍にたよる。	八月、一条兼良、奈良に疎開。一一月、東軍の足軽三〇〇人、宇治神明へ参宮。
七一	文明 三	三六	五月、朝倉教景、東軍に降る。	正月、東常縁、宗祇に古今伝授。七月、蓮如、越前吉崎に坊舎を建てる。閏八月、能阿弥没。
七二	四	三七	正月、宗全、勝元に和平を申し入れるが成功せず。	
七三	五	三八	正月、伊勢貞親没。三月、山名宗全没。五月、細川勝元没。一二月、義尚元服、征夷大将軍となる。	五月、瑞渓周鳳没。同月、一条兼良、美濃に斎藤妙椿を訪れる。
七四	六	三九	三月、義政、小川御所に移る。四月、山名政豊、細川政元と講和。一一月、加賀一向一揆蜂起。	

一四七六	八	四一	四月、遣明船堺を出発。 六月、日野勝光没。 九月、義政、大内政弘に東・西両軍の和平をはからせる。	三月、『君台観左右帳記』できる。
七七	九	四二	一一月、室町殿焼ける。 一一月、西軍の諸将領国に帰る（応仁の乱ほぼ終わる）。義視、土岐氏とともに美濃に下向。このころ富子、大名に利息をとって銭を貸し付ける。	
七八	文明一〇	四三	正月、内裏修理を名目とし、京都七口に新関を設ける。 七月、義政、義視と和解。 一二月、関所撤廃を要求する土一揆がおこる。	七月、大内政弘、李竜眠筆の大絵など唐物を義政に贈る。
七九	一一	四四	一一月、義尚、判始め・評定始めを行なう。	正月、細川成之、伊勢・紀伊行脚に出発。 四月、三条公敦、大内氏をたより周防に下向。 同月、蓮如、山科本願寺を建立。
八〇	一二	四五	二月、斎藤妙椿没。 五月、義尚、義政と不和となり遁世をはかる。 九月、新関反対の土一揆おこる。幕府、徳政令を出す。	七月、一条兼良、義尚のため『樵談治要』を著わす。 同月、義政、自己の肖像画の賛を横川景三に求む。 一〇月、宗祇の『筑紫道記』できる。 同月、義政、山荘の候補地を岩倉や嵯峨に物色。
八一	一三	四六	正月、義政、夫人富子と不和となり閉居。 一〇月、義政、小川御所から岩倉に隠退。	六月、桂庵玄樹、鹿児島にて朱子の大学章句を刊行。 八月、大内氏、宋元水墨画を義政にみせ、その一部を贈る。 一一月、一休宗純没。

一四八二	一四	四七		二月、義政、東山山荘の造営を始める。 九月、善阿弥没。
八三	一五	四八	四月、遣明船堺を出発。	二月、義尚、和歌打聞編纂を始める。 六月、義政、東山山荘に移る。
八四	一六	四九	一一月、土一揆蜂起。	一〇月、亀泉集証、蔭凉軒主となる。
八五	一七	五〇	五月、奉公衆と奉行衆争う。 六月、義政出家す（法号、喜山道慶）。 一二月、山城国一揆おこる。	四月、東山山荘の西指庵完成。 一一月、芸阿弥没。
八六	文明一八	五一	二月、山城国一揆衆、国中の掟を定める。	正月、東山山荘東求堂一応完成。 同月、狩野正信、東求堂の障子絵を描く。 六月、義尚、母富子と葛川参籠。
八七	長享元	五二	九月、義尚、近江出征。	
八八	二	五三		二月、東山山荘観音殿（銀閣）を建て始める。
八九	延徳元	五四	三月、義尚没。 四月、義政の中風再発悪化。義稙父子、美濃から上洛。	一〇月、義視・義稙、東山山荘で義政に謁す。
九〇	二	五五	正月七日、義政没。義稙、足利氏の家督を継ぐ。 七月、義稙、征夷大将軍となる。	

参考文献

田中義成　『足利時代史』　明治書院　一九二三
渡辺世祐　『室町時代史』　早稲田大学出版部　一九〇七
芳賀幸四郎　『東山文化の研究』　河出書房　一九四五
同　右　『東山文化』　塙書房　一九六二
永島福太郎　『応仁の乱』　至文堂　一九六八
同　右　『一条兼良』　吉川弘文館　一九五九
林屋辰三郎　『中世文化の基調』　東京大学出版会　一九五三
中村直勝　『東山殿義政私伝』　河原書店　一九七〇
小川　信　『山名宗全と細川勝元』　人物往来社　一九六六
豊田　武　『日本商人史　中世篇』　東京堂　一九四九
岡田章雄ほか編　『群雄の争い』（日本の歴史6）　読売新聞社　一九五九
永原慶二　『下剋上の時代』（日本の歴史10）　中央公論社　一九六五
中村吉治　『下剋上の世紀』（国民の歴史10）　文英堂　一九六八
京都市　『京都の歴史3　近世の胎動』　学芸書林　一九六八
谷　信一　『室町時代美術史論』　東京堂　一九四二
野地修左　『日本中世住宅史研究――とくに東求堂を中心として――』　日本学術振興会　一九五五

川上　貢　『日本中世住宅の研究』　墨水書房　一九六七
井上宗雄　『中世歌壇史の研究　室町前期』　風間書房　一九六一
大津透ほか編　『岩波講座　日本歴史8　中世3』　岩波書店　一九六三
同書編集事務局　『図説日本文化史大系7　室町時代』　小学館　一九六六
奈良本辰也ほか編　『図説日本庶民生活史3　南北朝―室町』　河出書房新社　一九六一

◈　◈

『大日本史料　第八篇』　東京大学史料編纂所
玉村竹二ほか編　『蔭凉軒日録』　史籍刊行会　一九五三
辻善之助編　『鹿苑日録』　続群書類従完成会　一九六一
同　右　『大乗院寺社雑事記』　角川書店　一九六四
玉村竹二編　『五山文学新集第一巻（横川景三集）』　東京大学出版会　一九六七

さくいん

【あ】

【い】

【う・え】

新《しん》・人《ひと》と歴史《れきし》　拡大版《かくだいばん》　34

足利義政《あしかがよしまさ》と東山文化《ひがしやまぶんか》　［カラー版］

定価はカバーに表示

2019年5月25日　　初　版　第1刷発行

著　者　河合《かわい》　正治《まさはる》
発行者　野村　久一郎
印刷所　法規書籍印刷株式会社
発行所　株式会社　**清水書院**
〒102−0072
東京都千代田区飯田橋3−11−6
電話　03−5213−7151㈹
FAX　03−5213−7160
http://www.shimizushoin.co.jp
カバー・本文基本デザイン／ペニーレイン　　DTP／株式会社 新後閑
乱丁・落丁本はお取り替えします。　ISBN978−4−389−44134−0